GARY KINNAMAN

Die Liebe unseres Lebens

edition
TROBISCH

GARY KINNAMAN

Die Liebe unseres Lebens

Der Ratgeber für junge Ehepaare

edition TROBISCH

Gary Kinnaman ist Seniorpastor der Word of Grace Church in Mesa, Arizona und Autor zahlreicher Bücher.

Die Bibelstellen sind in der Regel nach Luther 1999 zitiert.

Erschienen unter dem Titel: LEARNING TO LOVE ONE YOU MARRY

Published by Servant Publications, P.O. Box 8617 Ann Arbor, Michigan 48107, USA
Übersetzung: Friedhilde Horn

hänssler-Editon TROBISCH
Bestell-Nr. 854.166
ISBN 3-7751-9166-6

D-71087 Holzgerlingen
Internet: www.haenssler.de
E-Mail: info@haenssler.de
Titelfoto: Bildagentur Mauritius
Umschlaggestaltung: Carmen Knoll
Satz: AbSatz, Klein Nordende
Druck und Bindung: Ebner Ulm
Printed in Germany

INHALT

Meinem Vater und meiner Mutter
Donald und Esther Kinnaman,
die fünfzig Jahre lang Gott
und einander treu geblieben sind.

EINFÜHRUNG

Ich habe eine Menge Ehe-Bücher gelesen und auch ein paar geschrieben. Das gehört zu meinem beruflichen Alltag. Einige davon gelten als provozierend. Andere eher als uninteressant. Doch dieses Buch ist wirklich hervorragend. Ich kann ohne Einschränkung sagen, dass meine Töchter, wenn sie heiraten, unbedingt Gary Kinnamans kluge Worte, die er seinen Kindern zum Thema Ehe zu sagen hat, lesen sollten.

Wenn Sie Gary Kinnaman begegnen (wie ich die Gelegenheit hatte), kann es leicht geschehen, dass seine Herzenswärme und Glaubwürdigkeit Sie gefangen nehmen. Er ist Pastor einer »Mega-Kirche«, wo eine so herzliche und lebensnahe Atmosphäre herrscht wie sonst vielleicht in einer Kapelle auf dem Land. Er besitzt Magister- und Doktor-Titel und eine Redner- und Schriftstellergabe, die ihn zu einem hervorragenden Kommunikator der göttlichen Wahrheit gemacht haben – sowohl in unserm Land als auch darüber hinaus. Doch das ist nur seine persönliche Biografie. Was ich am meisten an ihm schätze, ist das, was man am Leben seiner Frau und seiner Kinder ablesen kann. Sie wirken, als ob sie sehr geliebt würden. Spricht man mit ihnen darüber, sagen sie, dass sie mit einem Menschen zusammenleben, der warmherzig und lebensnah ist und der nicht ausweicht oder heuchelt.

Gary Kinnaman entstammt einer langen Reihe von Pastoren und verantwortlichen Kirchenführern und widmet sich mit Sorgfalt dem Studium der Bibel. Doch was mir an diesem Buch am meisten gefällt, ist die praktische Anwendung biblischer Weisheit. Ich wünschte, ich hätte vor zwanzig Jahren schon davon gehört und darin gelesen, als Cindy und ich heirateten.

Wie eine Menge anderer Menschen von heute, wuchs ich in einem Heim mit nur einem Elternteil auf – ohne jedes geistliche Fundament. Meinen eigenen Vater kannte ich kaum. Mein Schwiegervater ist ein wunderbarer Mann, aber die einzige Bemerkung im Hinblick auf unsere Ehe machte er an unserem Hochzeitstag. Unmittelbar bevor er mir Cindy in der Kirche entgegenführte – ich wartete mit den Brautführern auf die beiden –, sagte er: »Also, John … wenn's nicht klappt mit euch – *wir werden sie zurücknehmen*!« (Das war mehr ein Kompliment für Cindy als gegen mich gerichtet … denke ich!)

Ich sehnte mich nach der Art biblischer Beratung und neuesten Informationen, die dieser Vater seinem Sohn und seiner Schwiegertochter hier vermittelt. Es ist, als ob man durch ein Fenster von außen nach innen schaut und plötzlich von nahem sieht, was ein liebender, christlicher Vater seinen Kindern sagt. Er wählte die Themen, die für sie am hilfreichsten sein würden. Er sagt ihnen, was sie tun können, um ihrem Erlöser näher zu kommen, und welchen Streitereien sie aus dem Weg gehen sollen, um Herzschmerzen und Verletzungen zu vermeiden.

Wenn Sie vor dem Schritt in die Ehe stehen und einige kluge Ratschläge über alles Mögliche hören möchten – von finanziellen Dingen bis zu der Frage, wie man Gottes Willen erkennt –, dann haben Sie hier eine gute Quelle in der Hand. Wenn Sie einen Sohn oder eine Tochter haben, die gerade vor der Heirat stehen, dann haben diese bestimmt mindestens hundert Dinge auf ihrer Wunschliste, die sie »unbedingt« brauchen. Ich möchte Sie aber dringend bitten, dieses Buch außerdem als für sie unverzichtbar anzusehen. Es ist ein Geschenk, erfüllt von Gottes Wort und göttlichen Einsichten, das ihnen helfen kann, ihre Ehe so schön und erfreulich zu erleben wie ihren Hochzeitstag.

John Trent, Ph. D.
Schriftsteller und Redner
Präsident von »Encouraging Words«

VORWORT

Dies ist nun mein fünftes Buch, und es ist so persönlich geschrieben wie kein anderes. Vielleicht ist es aber auch das mit dem bedrängendsten Thema. In Amerika ist die Ehe als Institution in einer Krise. Ich hörte vor kurzem, dass in Dallas fast die Hälfte der Bevölkerung als Single lebt – nicht weil die Menschen sich nicht mehr verlieben, sondern weil die Risiken des Verheiratetseins als zu hoch eingeschätzt werden. Oder aber die Leute haben die Ehe schon ausprobiert und es hat einfach nicht geklappt. Wir sind eine gottlose Nation von »Sandburgen«-Familien geworden, weil wir immer mehr Gott aus unseren Sozialstrukturen ausklammern und die zeitlosen Wahrheiten seines Wortes sich nur noch auf unseren Bücherregalen finden. Das ist im Wesentlichen das Thema dieses Buches. Es ist ein Ruf zur Umkehr zu den grundlegenden Dingen, dazu, die Bibel einer zutiefst religiös interessierten Generation zurückzubringen, wo es aber für die Spiritualität keine Definition mehr gibt – und auf keinen Fall absolute Größen. Ich bin kein Psychologe. Ich bin zuallererst Ehegatte und Vater und in zweiter Linie Pastor einer örtlichen Gemeinde. Doch ich glaube fest an die traditionellen Werte, die in Gottes Wort begründet sind.

Oft wurde ich im Lauf der Jahre gefragt: »Was ist so Besonderes an der Art und Weise, wie Sie Ihr geistliches Amt ausüben? Warum kommen bei Ihnen so viele Menschen zum Gottesdienst?« (Der Besuch ist bei uns von einer Hand voll Leute bis auf über dreitausend Erwachsene und Kinder an jedem Wochenende angewachsen.) Natürlich gibt es viele Gründe für eine wachsende, dynamische Gemeinde, aber wenn ich ein spezielles einzelnes Anliegen verfolge, dann ist es das: den Menschen zu helfen, ihr Leben durch eine biblische Weltsicht neu zu gestalten.

Was ich damit meine? Als gläubige Christen sind wir meist ganz sicher in dem, was wir als Recht und Unrecht, moralisch und unmoralisch einzuordnen haben – wie z. B. Ehebruch, Mord oder Abtreibung. Wir sind schnell dabei, auch andere auf diese Dinge hinzuweisen. Aber viel unterschwelliger und vielleicht wesentlich stärker wird unser Glaube durch kulturelle Kräfte beeinflusst. »Die Christen« sind heute durch und durch säkularisiert und wissen es selbst nicht. Das betrifft sogar wirklich ernsthafte Christen. Ich habe es in unserer Gemeinde immer und immer wieder beobachtet. Wir werden wesentlich mehr durch die Wertmaßstäbe (genauer gesagt durch das Vakuum an Wertvorstellungen) unserer Kultur beeinflusst als durch das, was wir im Gottesdienst zu hören bekommen.

Sie denken, dass das nicht stimmt? Nehmen Sie nur den »biblischen Wert« des gemeinsamen Essens (Apg 2, 42-46). Dabei entstehen Beziehungen und man erlebt Gemeinschaft. Jeder kann das feststellen, wenn er es möchte. Aber heute kann man nur verzweifelt fragen: *»Mensch, wo bleibt die Liebe dabei?«* Warum das so ist? Weil wir die amerikanischen »Werte« der Annehmlichkeit und der Ungestörtheit wesentlich höher einschätzen. Daher essen wir nicht mehr zusammen. Es ist unbequem und wir wundern uns, dass wir kaum noch mit anderen kommunizieren. Wir opfern Beziehungen – zu Hause und in der Gemeinde – auf dem Altar der Ungestörtheit, der Individualität.

Dies ist nur eins von jenen kleinen Dingen, natürlich, aber es ist etwas Schreckliches. Wie ein Krebsgeschwür kann man es im Körper nicht fühlen, bis man schließlich entdeckt, dass man dem Tod nahe ist.

Dieses Buch soll die Sicht der Ehe und des Lebens ganz allgemein von einem kontra-kulturellen, biblischen Standort aus vermitteln. Sie werden feststellen, dass es voller biblischer Bezüge ist, doch habe ich nicht die traditionellen, simplen Klischees benutzt wie z. B. dass in einer Ehe alles in Ordnung ist, wenn sich die Frauen nur ihren Männern unterordnen, oder dass eine Familie, die zusammen betet, auch nicht auseinander bricht. Natürlich spreche ich auch über diese Punkte, aber in der Weise, wie die jungen Paare beim Anbruch eines neuen Jahrtausends heute denken und fühlen – wenn es für sie so etwas wie absolute moralische Werte nicht mehr gibt. Ich bin durchaus ein Vertreter traditioneller Werte, aber mit Begriffen, die Menschen, die keine Traditionen mehr haben, verstehen können.

So ist dieses Buch gleichzeitig ein Außenseiter und doch biblisch fundiert. Wahrscheinlich überrascht es Sie zu hören, dass eine ganze

Menge christlicher Bücher zum Thema Familie nicht ausgesprochen auf *biblischer* Basis geschrieben sind. Sie stammen zwar von Christen und man kann sie auch nicht als »unchristlich« bezeichnen. Aber sie stellen oft die psychologische Perspektive oder die des »vernünftigen Menschenverstandes« in den Vordergrund. Dabei ist an sich nichts Falsches, aber bei jungen Paaren besteht ein wachsendes Bedürfnis danach, mehr zu lernen und mehr zu erfahren als nur von Techniken, wie man eine glückliche Ehe führt. Man möchte die Fragen des Lebens in einem größeren Zusammenhang sehen und erkennen, wie *alle Dinge* irgendwie eine Rückbeziehung auf Gott haben.

Um das Buch so persönlich wie möglich erscheinen zu lassen, habe ich es durchweg an meinen Sohn David und seine junge Frau Jill gerichtet. Jedes Kapitel klingt wie eine Art Brief – wenn es das auch nicht war. Und alle Geschichten und persönlichen Anekdoten sind wahre Begebenheiten, worüber die Mitglieder meiner Familie leicht entsetzt sind. Trotzdem haben sie alle zugestimmt, dass das Buch so veröffentlicht wird – um vieler junger Paare willen, deren Ehe vielleicht Hilfe braucht, soweit wir sie ihnen geben können.

So danke ich dir, Marilyn (meine Frau seit fünfundzwanzig Jahren), für alle Liebe, die wir in unserem Heim genossen. Und Dank auch euch, Shari und Matthew (unsere beiden Kinder), die immer wieder in diesem Buch auftauchen. Wir haben unser Leben mit all den Menschen in unserer Gemeinde geteilt. Hier wollen wir es jetzt mit allen und jedem teilen, der das Buch liest.

Mein Dank gilt auch den Leuten von »Servant Publications«. Dies ist das dritte Buch, das dort veröffentlicht wird. Ich bin dankbar für die starke Ermutigung und Unterstützung, die ich in den letzten Jahren von dort erfahren habe – besonders durch Bert Ghezzi und Gwen Ellis, die mich sehr zur Arbeit drängten.

1.

Bis dass der Tod uns scheidet oder: so lange, wie ich glücklich bin?

Treu sein – lebenslang

Jill und David – ihr habt nicht nur in Südkalifornien das College besucht, sondern jetzt wollt ihr dort auch auf Dauer leben! Sonnenschein … Strände … Disneyland und Hollywood … die L. A. Lakers (Basketballspieler), die Dodgers (Footballspieler) und andere bedeutende kulturelle Möglichkeiten …

Zehn Millionen Menschen aus allen Völkern und Nationen … albtraumartiger Verkehr … Smog … Erdbeben … Graffiti … so weit das Auge reicht.

Und Scheidung ohne Schuldspruch.

Wusstet ihr, dass Kalifornien der erste Staat war, der die »Scheidung ohne Schuldspruch« einführte, die heute die gesetzliche Grundlage in allen fünfzig Bundesstaaten darstellt? Nach dem kalifornischen Familiengesetz von 1969 konnte jeder Partner sich aus der Ehe verabschieden, einfach indem er »unüberbrückbare« Differenzen, die einen nicht zu heilenden Bruch der Ehe herbeigeführt hätten, angab.

Seit dieser Zeit haben die Scheidungszahlen eine Schwindel erregende Höhe erreicht. 1960 waren es »nur« etwa vierhunderttausend Ehen in Amerika, die in der Auflösung endeten. Diese Zahl hat sich jetzt *verdreifacht.* Dafür gibt es viele Gründe, aber eine kürzlich veröffentlichte Studie der Universität von Oklahoma kam zu dem

Ergebnis, dass allein das Gesetz zur »Scheidung ohne Schuldspruch« die Rate um 15 % oder mehr erhöht habe.

Gefangen in einer unglücklichen Ehe

Mit anderen Worten kann man sagen: Je leichter die Scheidung gemacht wird, desto schneller wird geschieden. Ein großes Problem bleibt dennoch: Die Nachwirkungen einer Scheidung sind oft schlimmer als eine schlechte Ehe. Gerade gestern erst verkündete die Tageszeitung von Phoenix in Schlagzeilen: »Sich scheiden lassen? Diesen Artikel sollten Sie unbedingt lesen. Neues Gesetz verlangt von Paaren, sich über die Auswirkung auf Kinder zu informieren.«

Wenn ihr also jemals an den Punkt kommen solltet, euch in einer unglücklichen Ehe gefangen zu fühlen, dann kennt ihr erst den Anfang aller Sorgen. Setzt ihr die Scheidung durch, dann macht ihr das Leid noch viel größer – für euch selbst und alle anderen Familienmitglieder.

Ich kann mir nicht vorstellen, dass ihr beiden euch jemals scheiden lasst, aber ich konnte es mir bei vielen Leuten unserer Gemeinde auch nicht vorstellen. Trotzdem tun sie es.

David und Jill, es kann jedem passieren, und deshalb möchte ich in diesem Buch Klartext reden. Natürlich wisst ihr, dass ich nie um den heißen Brei herumgeredet habe. Aber es tut mir Leid, David, um all die Gelegenheiten, bei denen ich »ehrlich« mit euch umgegangen bin auf Kosten von Sensibilität und Freundlichkeit. Ich bin unsagbar dankbar für die Balance, die eure liebenswürdige, zärtliche Mutter in unsere Familie hineingebracht hat.

Aber einiges muss doch gesagt werden. Vielleicht ist das der Pastor in mir. Und ich möchte auch, dass ihr wisst, was andere zu diesem Thema sagen, wie z. B. in einer kürzlich veröffentlichten Studie: »Marriage in America: A Report to the Nation« (Ehen in Amerika – Ein Bericht an die Nation), zusammengestellt von dem politisch neutralen »Council on Families in America«. Interessanterweise zeigt die Liste der Prominenten, die Beiträge dazu geleistet haben, keine so angesehenen Namen wie Billy Graham oder John Dobson. Kein einziger »solider« Evangelikaler ist dabei. Kein Einziger dieser sprichwörtlich »Bibelfesten«. *Aber ihr solltet den Bericht lesen.* Hier ein Auszug davon:

»Amerikas Revolution in der Scheidungspraxis hat versagt.

Die offenkundig negativen Folgen treten in überwältigendem Maß ans Licht. Die Revolution des Scheidungsverhaltens – womit wir den ständigen Ersatz einer Ehe-Kultur durch eine Kultur der Scheidung und unverheirateter Eltern meinen – hat schlimme Härten für Kinder erzeugt. Sie hat uns untragbare Soziallasten aufgebürdet. Und sie hat außerdem ihr Versprechen nicht erfüllt, wonach für Erwachsene mehr Glück und bessere Beziehungen zwischen Männern und Frauen daraus entstehen sollten.

Wir fällen dieses Urteil nicht leichten Herzens. Wir geben zu, dass die negativen Folgen unvorhergesehen und nicht beabsichtigt waren. Die neue Scheidungspraxis war angetreten, um einige wichtige Ziele zu realisieren: es sollte mehr Gleichheit zwischen Männern und Frauen erreicht werden; das Familienleben sollte sich für Frauen besser gestalten; und das individuelle Glück und die Wahlfreiheit sollte gesteigert werden. Die bleibende Bedeutung dieser sozialen Ziele stellen wir nicht in Frage.

Doch die Revolution in der Scheidungspraxis hat uns diesen Zielen nicht näher gebracht, sondern uns eher noch viel weiter davon entfernt. Die Beziehungen zwischen Männern und Frauen werden nicht besser, sondern in vieler Hinsicht eher schlechter. Sie werden schwieriger, zerbrechlicher und unglücklicher. Allzu viele Frauen leben in ständiger wirtschaftlicher Unsicherheit. Allzu viele Männer sind von ihren Kindern isoliert und werden ihnen entfremdet. Allzu viele Menschen sind einsam und leben ohne Beziehungen. Allzu viele Kinder sind zornig, traurig und vernachlässigt.

Wir als Gesellschaft versagen einfach darin, die nächste Generation über die Bedeutung, die Ziele und Verantwortlichkeiten der Ehe zu belehren. Wenn sich dieser Trend fortsetzt, wird nichts anderes dabei herauskommen als ein Akt kulturellen Selbstmordes ... Der wesentlichste Faktor in der Vernachlässigung des Kindes ist der auffallende Zusammenbruch der Ehe. Dieser führt zu wachsender Instabilität der Familie und abnehmendem elterlichem Interesse an

Kindern ... Solange wir die Ablehnung der Ehe nicht rückgängig machen, wird keine andere Aktion oder Bewegung stark genug sein, dem Trend zur mangelnden Rücksichtnahme auf das Wohlergehen des Kindes entgegenzuwirken.«

Wer hätte das gedacht: der Hauptgrund für eine Ehe ist ...

Höchst einsichtsvoll – und entmutigend – ist diese Aussage aus dem »Report«:

»Die Ehe hat ihre soziale Intention verloren. Statt als unsere vorrangige Einrichtung für *Hingabe und Verpflichtung gegenüber anderen, speziell Kindern zu dienen* (man höre!), ist die Ehe zunehmend reduziert worden auf ein Vehikel (Mittel) – und ein sehr zerbrechliches – zur emotionalen Erfüllung erwachsener Partner. ›Bis der Tod uns scheidet‹ wurde ersetzt durch ›so lange, wie ich glücklich bin‹. Die Ehe ist jetzt weniger eine Institution, in die man hineingehört, sondern mehr eine Vorstellung, die wir uns nach unseren eigenen, völlig individualistischen Zielen zurechtbiegen dürfen. Weniger als 50 % der Amerikaner von heute sehen ›Verheiratetsein‹ als Teil ihrer Definition familiärer Werte an.«

Es ist traurig. So schrecklich traurig. Ich denke, dass es selbst Gott zum Weinen bringt. Vor langer, langer Zeit ließ Gott uns in der Bibel sagen: »Ich hasse Scheidung« (vgl. Mal 2,16). Ich bin davon überzeugt, dass er sie wirklich hasst, nicht weil er altmodisch und religiös festgelegt ist, sondern weil er weiß, was den Menschen wirklich daraus entsteht, ihnen selbst, ihren Kindern und den übrigen Angehörigen – ja, dem ganzen Volk.

Warum brauchen wir einen Bericht wie diesen, um uns zur Vernunft kommen zu lassen? Warum ist es so schwierig für die Menschen, einfach nur Gott bei seinem Wort zu nehmen?

Vor kurzem sah ich zwei zynische Cartoons über Liebe und Hingabe. Auf dem einen kniet ein Mann in romantischer Pose vor seiner Geliebten und bittet: »Ich liebe dich, Cindy. Willst du mich für ein oder zwei Jahre heiraten?«

Auf einem anderen steht ein Kind mit einem kleinen Koffer vor seiner erstarrten Mutter und kündigt dieser an: »Mutti, ich gehe. Ich kann mich einfach auf nichts festlegen.«

Es klingt, als ob es nicht wahr sein könnte

Für diese neue Einschätzung der Ehe gibt es jetzt sogar einen besonderen Ring. Vor ein paar Monaten las ich im Flugzeug einen Artikel, in dem von einem Londoner Juwelier berichtet wurde. Dieser hatte die Tradition des Verlobungsringes dem sozialen Trend angepasst.

Der Ring, den er entworfen hatte, sollte symbolisch nicht ganz geschlossen sein. Die Bedeutung lag auf der Hand. Man könnte jederzeit einen Ausweg finden, wenn die Sache irgendwie nicht klappte.

David und Jill, mein Vertrauen in eure gegenseitige Treue wankt nicht. Aber ich weiß auch, dass es Millionen Stimmen gibt, die sich in der Öffentlichkeit gegen Verbindlichkeit erheben. Ich stelle das vor allem in unserer Gemeinde-»Familie« fest, wo Untreue geradezu grassiert. Und dabei denke ich nicht unbedingt nur an Ehebruch.

Untreue ist es, was die Banken in den Bankrott treibt.

Und wegen Untreue kann die Regierung ihr Budget nicht ausgleichen, obwohl unsere Nation einen Schuldenberg von mehreren Billionen Dollar hat.

Untreue ist der Grund für den Wahnsinn, der mit Kreditkarten getrieben wird und warum unsere Nation einer Krise im Hinblick auf Überschuldung der Verbraucher entgegengeht.

Untreue ist der Grund, weshalb die Menschen ständig ihre Jobs wechseln.

Untreue ist es, wenn Väter Tausende von Dollar an Alimenten oder Unterhaltszahlungen für Kinder schuldig bleiben.

Untreue steht dahinter, wenn Freunde unsere Gemeinde verlassen, ohne eurer Mutter oder mir ein Wort der Erklärung zu sagen.

Untreue ist es, wenn Menschen sich in der Gemeinde zu einem freiwilligen Einsatz melden und dann niemals erscheinen.

Untreue ist es, wenn Menschen in der Gemeinde sich verpflichten, unser Bauprojekt zu unterstützen, und dann keinen Euro dafür geben.

Untreue ist es, wenn Menschen ihre Versprechen öfter brechen, als dass sie sie halten.

Untreue ist es, wenn mich angesichts dieser Dinge eine regelrechte Depression überfällt. Manchmal würde ich am liebsten sagen: »Meine Verpflichtungen können mir gestohlen bleiben.«

Es ist gar kein Wunder, dass die Menschen ihre finanziellen Verpflichtungen gegenüber der Gemeinde nicht einhalten. Sie können ja nicht einmal ihre Versprechen gegenüber ihren eigenen Kindern halten!

Das Ende der Zeit, in der die »alte Loyalität« noch etwas galt

Das Problem ist ein weit verbreitetes kulturelles Krebsgeschwür. Vor einer Reihe von Jahren gab mir in unserer Gemeinde ein Mann, der für »Motorola« arbeitet, einen internen Aktenvermerk von George Fisher, dem Geschäftsführer des riesigen, multinationalen Unternehmens:

»In den vergangenen Jahren«, so schrieb er, »ist viel geschrieben und sind umfangreiche Studien erstellt worden, die allesamt zu dem Ergebnis kamen, dass es keine Loyalität mehr gibt – eine Eigenschaft, die einst von Unternehmen und Angestellten in gleicher Weise geschätzt wurde. Eine Studie, die erst vor kurzem fertig gestellt wurde, berichtet, dass statt der Zugehörigkeit zu einer Gruppe als Quelle der Kreativität und statt des Bestrebens, in größter Harmonie mit der Organisation zu leben, die heutigen Arbeitnehmer sich nur noch mit ihrem Beruf und der Arbeit, die sie ausführen, identifizieren. Sie werden als ›die neuen Individualisten‹ bezeichnet … die ›alte Loyalität‹ wird zunehmend durch wachsendes Eigeninteresse des Arbeitnehmers ersetzt.

Wir sind nicht bereit, die sich aufblähenden Ränge der US-Geschäftsführer zu vermehren«, bekannte er, »und geben zu, dass die traditionelle Loyalität der Angestellten von früher nicht mehr aufrechterhalten und gepflegt werden kann.«

Innerhalb eines Jahres nach der Herausgabe dieses Rundschreibens über das Thema Loyalität verließ Fisher die »Motorola« überraschenderweise und wurde Vorsitzender von Kodak.

Ich bin sicher, dass er seine Gründe dafür hatte.

Und so ist es bei jedem, der seinen Arbeitsplatz wechselt. Manchmal passiert es auch im Zusammenhang mit einer Scheidung.

Denken Sie über Folgendes nach: Das Motto der amerikanischen Familienversicherung heißt: »*Loyalität:* das Kennzeichen des zufriedenen Kunden«. Ist es wirklich das, was Loyalität meint? Oder ist es eine raffinierte neue Begriffsbestimmung auf der Basis sich verändernder sozialer Wertmaßstäbe? Ich bezweifle, dass die Werbestrategen jemals einen tieferen Gedanken daran verschwendeten, aber Tatsache ist, dass dieses Motto Loyalität in etwas Bedingtes verwandelt: – in »*Loyalität* als Kennzeichen eines zufriedenen Angestellten«. Oder »*Loyaliät*: das Kennzeichen eines zufriedenen Ehegatten«.

Wenn Sie nicht zufrieden sind, wenn Sie nicht glücklich sind, dann brauchen Sie auch nicht loyal zu sein! Suchen Sie sich eine andere Versicherungsgesellschaft! Einen anderen Arbeitsplatz! Einen anderen Ehepartner!

Joan Lundens strahlendes Gesicht erschien 1993 auf dem Cover der Mai-Ausgabe von »Ladies Home Journal« mit der Unterschrift: »Ich habe meinen Ehegatten nicht wegen eines anderen Mannes verlassen, ich ging um meiner selbst willen.« Ich unterstrich die Worte »um meiner selbst willen«, denn das ist genau der Punkt, an dem sich die Dinge entscheiden.

Ja, ich bin empört!

Bis dass der Tod uns scheidet!

Das bringt mich zurück zum Ehegelübde. »In guten und bösen, reichen und armen, gesunden und kranken Tagen ... bis dass der Tod uns scheidet.«

Ihr seht, Ehe hat mit der »alten Auffassung von Loyalität« zu tun, nicht mit einer, die an Bedingungen geknüpft ist. Es geht um *bedingungslose* Liebe und Hingabe, wie Gottes Liebe und Hingabe an uns sich zeigt: »Wer will uns scheiden von der Liebe Christi? Trübsal oder Angst oder Verfolgung oder Hunger oder Blöße oder Gefahr oder Schwert« – noch die schlimmsten Sünden, die in der Bibel aufgezählt werden – »... in dem allen überwinden wir weit durch den, der uns geliebt hat. Denn ich bin gewiss, dass *weder* Tod noch Leben, *weder* Engel noch Mächte noch Gewalten, *weder* Gegenwärtiges noch Zukünftiges, *weder* Hohes *noch* Tiefes *noch* eine andere Kreatur uns scheiden kann von der Liebe Gottes, die in Christus Jesus ist, unserm Herrn« (Röm 8,35-39).

Die Bibel erlaubt zwar Scheidung unter außergewöhnlichen Umständen wie Ehebruch oder bei böswilligem Verlassen (Mt 19,3 und 1. Kor 7,15). Aber nirgendwo besteht die Heilige Schrift auf Scheidung, als ob das die einzig mögliche Lösung für das Problem einer unglücklichen Ehe sei. Wie ich schon früher erwähnte: Gott hasst die Scheidung, weil er weiß, was geschieht, wenn die Ehe zur belanglosen Einrichtung degradiert wird: ganze Familien leiden und Nationen sterben.

Marvin Wilson, der Autor des wundervollen Buches »Our Father Abraham: Hebrew Roots of the Christian Faith« (Unser Vater Abraham: Hebräische Wurzeln des christlichen Glaubens), macht folgende Beobachtung: »In unserer modernen Welt ist es relativ leicht, Versprechen zu geben und sie auch wieder rückgängig zu machen, indem man einfach sagt: ›Ich habe meine Meinung geändert‹ oder: ›Ich empfinde nicht mehr das Gleiche für dich wie früher‹. Worte sind oft billig. Unter den Israeliten galt allerdings ein Wort soviel wie ein gegebenes Versprechen.«

Wir sagen etwas zynisch: »Versprechen hin, Versprechen her.« Doch das hebräische Wort für Versprechen schließt *Substanz* ein. Ein von einem Hebräer gegebenes Versprechen war ein Unterpfand für die ehrliche Absicht, dieses Versprechen durch die praktische Tat zu halten – *bis es wirklich erfüllt war.*

Hingabe heißt, seine Versprechen halten. »Wenn jemand dem Herrn ein Gelübde tut oder einen Eid schwört, dass er sich zu etwas verpflichten will, so soll er sein Wort nicht brechen, sondern alles tun, wie es über seine Lippen gegangen ist« (4. Mose 30,3).

»*Viele Menschen rühmen ihre Güte; aber wer findet einen, der zuverlässig ist?*« (Spr 20,6).

Versprechen zu halten entspricht dem Willen Gottes

Ihr wisst, David und Jill: Versprechen zu halten bedeutet nicht nur, dass wir so gut und ehrenhaft handeln, wie es uns nur möglich ist. Versprechen zu halten entspricht dem Willen Gottes. Es geht um unsere Beziehung zu einem treuen Gott. Ohne Gott hat alles gar keinen Sinn. Ohne Gott haben wir gar keinen Bezugspunkt, um zu verstehen, was Treue ist.

Was können wir von Gott wissen, das unsere Ansicht über die Ehe verändern könnte? »So sollst du nun wissen, dass der Herr, dein Gott, allein Gott ist, der treue Gott, der den Bund und die Barmherzigkeit bis ins tausendste Glied hält denen, die ihn lieben und seine Gebote halten« (5. Mose 7,9).

Und der Prophet Jeremia ruft aus: »Die Güte des Herrn ist's, dass wir nicht gar aus sind, seine Barmherzigkeit hat noch kein Ende, sondern sie ist alle Morgen neu, *und deine Treue ist groß*« (Klagelieder 3,22-23).

Weil Gott uns nun nach seinem Bild geschaffen hat – und seine Treue wankt nicht –, müssen wir an der Treue in der menschlichen Gesellschaft festhalten als an der höchsten Tugend. Ihr seht, dass das große Problem in Amerika heißt: wir haben Gott beiseite geschoben. Wir haben ihn aus der Regierung verbannt, aus den öffentlichen Schulen entfernt, aus den Medien und vom Arbeitsplatz. Und nun passiert das Schlimmste aller vorstellbaren Dinge. Wir räumen ihm auch in unseren Familien keinen Platz mehr ein.

Wenn ihr eure geistlichen Wurzeln ausreißt, stirbt die empfindliche Basis eures Lebens ab. Wenn Jesus nicht im Zentrum eures Lebens und eurer Beziehung steht, dann habt ihr überhaupt keinen Maßstab für Treue.

Die Zerstörung der Ehe in Amerika ist im Kern Auflehnung gegen Gott. Wir bringen keine Verbindlichkeit mehr füreinander auf, weil wir Gott nicht mehr lieben.

Ohne Gott ist Verbindlichkeit an Bedingungen geknüpft.

Mit Gott ist Hingabe eine vertraglich festgelegte Bindung – ein Versprechen kann man dann nicht brechen.

»Das Wesen der Ehe«, schreibt Marvin Wilson, »der Inhalt, die Verbindung, und die Beziehung mit Konsequenzen – ist ein Bund ... Die Rabbinen sahen in der jüdischen Trauzeremonie eine Widerspiegelung der Hauptwesenszüge des Bundes Gottes mit Israel am Berg Sinai. Sie sollte eine Erinnerung an die grundlegende Bundesverpflichtung sein, die Gott an sein Volk band.«

Das Wort halten, auch wenn es dich umbringt

Im Alten Testament hat ein »Bund« zwei grundlegende Elemente. Erstens ist er ewig, wie in Hosea 2,21 erkennbar ist: »Ich will mich mit dir verloben *für alle Ewigkeit*, ich will mich mit dir verloben in Gerechtigkeit und Recht, in Gnade und Barmherzigkeit.«

Zweitens wurde der Bund mit Blut besiegelt. »Einen Bund schließen« bedeutete im Hebräischen tatsächlich »einen Bund schneiden«. Tiere wurden buchstäblich in zwei Teile zerschnitten und die beiden Personen, die den Bund »schnitten«, gingen Seite an Seite zwischen den Hälften des blutigen Kadavers hindurch. Die Bedeutung war: »Möge das Gleiche, was diesem Tier widerfahren ist, auch mit mir geschehen, wenn ich mein Versprechen nicht halte.«

Ach David und Jill, vielleicht hätten wir etwas Ähnliches bei eurer Hochzeit auch tun sollen. Wie denkt ihr darüber? Gott hat es tatsächlich einst so gemacht. In 1. Mose 15 schloss Gott einen Bund mit Abram (Abrahams früherer Name). »Bringe mir eine dreijährige Kuh, eine dreijährige Ziege und einen dreijährigen Widder.«

»Abram brachte die Tiere alle zu ihm, teilte sie in zwei Stücke und legte die Hälften einander gegenüber ... Als nun die Sonne am Untergehen war, fiel ein tiefer Schlaf auf Abram, und siehe, Schrecken und große Finsternis überfiel ihn ... Als nun die Sonne untergegangen und es finster geworden war, siehe, da war ein rauchender Ofen, und eine Feuerflamme fuhr zwischen den Stücken hin. An dem Tage schloss der Herr einen Bund mit Abram« (wörtlich: »schnitt einen Bund«). Während Abram sich in einem Zustand der Bewusstlosigkeit befand, ging Gott selbst zwischen den Tierhälften hindurch. Gott sagte damit: »Das, was mit diesen Tieren geschehen ist, soll auch mir geschehen, wenn das notwendig ist, damit ich mein Wort halte.«

Oder: »Ich will tun, was auch immer ich gesagt habe. Ich garantiere es *mit meinem Leben* ...«

Verstehen Sie, was damit gemeint ist? Gottes Begegnung mit Abram deutet schon auf das Kreuz hin, wo der himmlische Vater seinen Bund mit uns mit dem Blut seines eigenen Sohnes besiegelte: »Denn also hat Gott die Welt geliebt, dass er seinen eingeborenen Sohn gab, damit alle, die an ihn glauben, nicht verloren werden, sondern das ewige Leben haben« (Joh 3,16).

Liebe ist nicht unbedingt das, was man mit romantischen Gefühlen oder strahlenden Hochzeiten gleichsetzen kann. Liebe ist auch nicht deckungsgleich mit den großartigsten sexuellen Erlebnissen. *Liebe ist Hingabe. Liebe ist lebenslange Treue.*

»Unsere gegenwärtige Zeit«, so schrieb Marvin Wilson, »ist gekennzeichnet durch gebrochene Versprechen und zerstörte Beziehungen. Eine Zeit, die krank ist von Sentimentalitäten, hat den Blick verloren für das Versprechen: ›bis dass der Tod uns scheidet‹. Liebe wird auf alle möglichen Arten und Weisen definiert, nur nicht durch den Begriff der Hingabe. Wir müssen zum Sinai zurückkommen (wo Gott Mose die Zehn Gebote gab), weil wir dort durch die hebräische Sicht daran erinnert werden, dass die Ehe ebenso ernst und verbindlich angesehen wird wie jene spektakuläre Bundeszeremonie am Tag der Offenbarung Gottes.«

Die gute Nachricht besteht darin, dass es Trends gibt, die uns zur Treue in der Ehe zurückführen wollen. In einem Artikel in »USA Today« hieß es vor kurzem: »Gesetzgebende Versammlung gegen Scheidung«. Der Artikel berichtet: »Die aufkeimende Bewegung, um die Gesetze zur ›Scheidung ohne Schuldspruch‹ wieder abzuschaffen, hat eine Welle der Ermutigung – oder sogar des Zwangs –

zur Beratung vor der Hochzeit hervorgerufen, als einen Weg, um die hohe Scheidungsrate in Amerika zu reduzieren.

Ermutigt durch Kirchenführer, konservative Politiker und Studien über die negativen Folgen der Scheidung, suchen Gesetzgeber nach Wegen, um glückliche Ehen zu fördern oder es zu verhindern, dass unglückliche Ehen überhaupt erst geschlossen werden. Etwa die Hälfte aller erstmals geschlossenen Ehen in den USA scheitern schließlich. – Eine Statistik sucht die Schuld bei allem und jedem, von der hohen Kriminalitätsrate angefangen bis zu den vielen Schulaussteigern.«

Das ist die gute Nachricht. Die schlechte ist, dass kein Trend, kein Politiker und kein Gesetz der Familie wirklich hilft. Letzten Endes ist nur eine geistliche Erneuerung und der Gehorsam gegenüber Gottes Geboten dazu in der Lage.

Die Furcht des Herrn ist der Anfang von *Weisheit – und Treue.*

Nach der Eroberung Kanaans forderte Josua die Israeliten auf: *»So fürchtet nun den Herrn und dient ihm treulich und rechtschaffen …* (es besteht tatsächlich eine Beziehung zwischen Treue und Gottesfurcht) … Gefällt es euch aber nicht, dem Herrn zu dienen (ja, Gott lässt uns immer die Freiheit zur Entscheidung, sogar zur Selbstzerstörung), so wählt euch heute, wem ihr dienen wollt: den Göttern, denen eure Väter gedient haben jenseits des Stromes, oder den Göttern der Amoriter, in deren Land ihr wohnt. *Ich aber und mein Haus wollen dem Herrn dienen«* (Jos 24,14-15). David und Jill, könnt ihr das miteinander sagen? Einmal pro Woche?

»Gnade und Treue sollen dich nicht verlassen. Hänge meine Gebote an deinen Hals und schreibe sie auf die Tafel deines Herzens, so wirst du Freundlichkeit und Klugheit erlangen, die Gott und den Menschen gefallen« (Spr 3,3-4).

Zum Nachdenken:
Unsere Kultur schaut sich um und sucht krampfhaft nach den breiten Fluchtwegen aus allem Leid. Wir werden alles andere dem Gott des Glücklichseins opfern. Doch Not ist gut für euch. Stellt euch darauf ein …

2.
Nicht jammern

Lernen, wie man schwierige Zeiten durchsteht

Was hast du für Probleme, Jill?

Wie groß ist dein Problem, David?

Was hast du zur Größe deines Problems selbst beigetragen?

Vor kurzem erschien ein humorvoller Artikel in »USA Today«: »Das Gejammer aller Zeiten«. Der Untertitel lautete: »Warum ist das Leben soooo unfair? Das Triviale spielt eine große Rolle unter denen, die von sich selbst besessen sind.« In dem Artikel hieß es:

Jammern ist die Hymne der Neunzigerjahre. Jeder kennt die Melodie. Es ist das »Waaaas« aller Zeiten, das Miauen der von sich selbst Besessenen.

»Jammern ist eine chronische Krankheit, die sich quer durch alle Generationen zeigt. Ich bin dankbar, dass ich, wenn ich einmal dreißig werde, das Jammern mit über diese Schwelle nehmen kann«, erklärte der neunundzwanzigjährige Anthony Weiner.

Er sitzt als Stadtrat in Brooklyn, »wo wir das ›kvetching‹ nennen«, und er gehört zur Generation X ...

»Wir sind alle Jammerer«, sagt Suzanne Rosenblum, 26, aus Alexandria, Virginia, Kuratorin eines Museums. »Wir wuchsen auf unter dem Berieseltwerden mit beliebten Fernsehsendungen der Sechzigerjahre. Das waren die Jahre, die uns die erste Prägung gaben – als ihr ausgingt und ein Babysitter bei uns war.«

Aber wenn die Generation der Sechzigerjahre der Welt das Jammern beigebracht hat, dann haben die Angehörigen der Generation

X es fertiggebracht, dabei die Frequenz einer Feuerwehr-Sirene zu erreichen.

Jetzt jammern wir zusammen mit Fernseh-Stars wie Homer aus »The Simpsons«, »Seinfeld«-Komplize George Costanza, Donna aus »Beverly Hills 90210«, und natürlich Hope und Michael, die heute schon in der nahezu dreißigsten Wiederholung zu sehen sind.

»Seinfeld ist erfolgreich, weil er unsere Jammer-Schwelle entdeckt hat – zwanzig Minuten jede Woche, unterbrochen von Werbespots mit Menschen, die jammern über das, was sie verkaufen«, sagt Weiner.

Über was jammerst denn du?

Über deinen Job?

Deine Mitarbeiter?

Dein Auto?

Abgaswert-Kontrolle und Steuern in Kalifornien?

Dein Sexualleben?

Dein Apartment?

Deine Wahlverwandtschaft?

Übereinander?

David und Jill, es fällt mir schwer, mit euch darüber zu reden, weil ich mir wie ein Heuchler vorkomme. Vergesst die Jammerei. Ihr habt beide gesehen, wie ich mich über Nichtigkeiten aufgeregt habe. Das bringt mich in Verlegenheit. Wenn ich nun also etwas anspreche, das euch gerade passiert ist, hört mir bitte trotzdem zu.

Ich denke an euer neues Auto. Ihr wisst, wie das war, als es von einem schlecht gelaunten Angestellten mit dem Schlüssel verkratzt wurde. Er war ein regelrechter Dummkopf, oder? Es ist schwer, christlich zu handeln, wenn die Menschen einem miserable Dinge zufügen.

Aber wenn der Apostel Paulus erklärt: *»... ich habe gelernt, mir genügen zu lassen, wie's mir auch geht«* (Phil 4,11), dann sprach er nicht unbedingt von »Kleinigkeiten« wie eurem demolierten Auto. Paulus bewahrte die bestmögliche Haltung unter den schlimmsten

Umständen. *Er war im Gefängnis und doch voller Freude!* Er hatte entweder den Verstand verloren oder er hatte die reale Kraft der tragenden Gnade Gottes entdeckt.

David, denk doch nur an deinen früheren Jugendpastor Jeff. Das ist nun einer, der ein wirkliches Problem hat. Wie du weißt, ist seine lebensprühende zweiunddreißigjährige Frau Kathy im letzten Monat an einer tödlichen Infektion gestorben. Drei Wochen vorher hatte sie gerade ihr fünftes Kind zur Welt gebracht.

Was macht er nun?

Ich habe Jeff letzte Woche zum Basketballspiel der »Suns« mitgenommen. Es waren erst drei Wochen seit Kathys Tod vergangen. Ich bin sicher, dass er daran dachte, obwohl er es mit keinem Wort erwähnte. Wir sprachen darüber, wie Gottes Gnade, zusammen mit einer außergewöhnlichen Unterstützungsaktion unserer Gemeindefamilie, ihn Tag für Tag »über die Runden bringt«.

Ich schreibe dies an einem Mittwoch, dem Tag, an dem ich mich lange vor Sonnenaufgang aus meinem Bett herausmühe, um das schrecklich frühe Gebetstreffen für Männer in unserer Gemeinde zu leiten.

Das habe ich jetzt fast sieben Jahre lang jeden Mittwoch getan. Du weißt, Jill, wie schwer es mir fällt, früh aufzustehen – im Gegensatz zu deiner Schwiegermutter, die schon mit den Hühnern aufwacht, obwohl wir in der Stadt leben.

Ein mitfühlender Mensch in der Gemeinde gab mir eines Tages einen kleinen Button, auf dem zu lesen stand: *»Wenn Gott wollte, dass wir den Sonnenaufgang zu sehen bekämen, hätte er diesen auf einen späteren Zeitpunkt des Tages verlegt.«*

In unserem Gebetstreffen mühen wir uns jetzt seit mehr als einem Jahr durch die Apostelgeschichte – jedes Mal ein paar Verse weiter. Heute kamen wir dabei an Apostelgeschichte 16. Da geht es um die Geschichte, in der Paulus und sein Freund Silas eine Nacht in einem erbärmlichen Gefängnis verbrachten. Vertreter der Menschenrechtsorganisationen wären entsetzt gewesen.

Als einer der Männer seine persönlichen Gedanken über diese Bibelstelle äußerte, brach Gottes Licht durch meinen »geistigen

Morgennebel« und mich erfüllte die Feststellung: *Da findet sich nicht das leiseste Anzeichen dafür, dass Paulus und Silas sich als Sündenbock der Menschen, als Opfer der Umstände oder gar Gottes vorkamen – obwohl sie allen Grund gehabt hätten zu solchen Empfindungen.*

Lasst mich die Geschichte noch einmal ins Blickfeld rücken.

Nachdem sie in Jerusalem mitgeholfen hatten, einen Streit beizulegen über die Frage, ob die Heiden vollwertige Christen werden könnten, ohne sich den Geboten des Alten Testamentes zu unterwerfen (die Entscheidung lautete: ja, sie können), begaben sie sich anschließend auf die so genannte »zweite Missionsreise« des Paulus. Es gab nur noch ein kleines Problem: sie hatten Jerusalem zwar schon verlassen, waren aber noch nicht völlig sicher, wohin Gott sie führen wollte (s. Apg 16,6-8).

Irgendwie erinnert mich das an junge Paare, wie ihr es seid. Sie sind sich sicher, dass sie sich lieben, sind aber gleichzeitig unsicher darüber, was sie mit dem Rest ihres Lebens machen sollen. Ihr braucht die Gewissheit, dass Gott euch, wie Paulus und Silas, *auf eurem Weg führen wird.*

Ich weiß, dass es radikal klingt, aber das Abenteuer besteht nicht darin, dass man genau weiß, was Gott in der Zukunft will, so dass ihr sicher sein könnt, niemals einen Fehler zu machen, sondern darin, dass man gemeinsam Gottes Willen entdeckt und einen Tag nach dem andern aus seiner Hand nimmt. Wie Paulus und Silas könnt ihr nicht einfach hier sitzen bleiben und darauf warten, dass Gott euch in ganz besonderer, spektakulärer Weise führt. Geht einfach los! Tut etwas! (Mehr darüber in dem Kapitel »Was ist dran?«)

Wie ein Traum zum Albtraum wird

Genau das taten auch Paulus und Silas, und in einer dunklen Nacht hatte Paulus eine Erscheinung. Ein Mann aus Mazedonien stand neben ihm und bat ihn: *»Komm herüber nach Mazedonien und hilf uns«* (Apg 16,9). Ihr wisst natürlich, dass nicht jeder nächtliche Traum einen mysteriösen Schlüssel im Hinblick auf Gottes Willen für euer Leben darstellt, aber im Falle des Paulus, in Apostelgeschichte 16, war es wie ein persönlicher Telefonanruf Gottes.

Ich bin sicher, dass das missionarische Team des Paulus regelrecht erleichtert war. Schließlich hatte Paulus ein Gespür für Gottes Führung! Jetzt war der Prozess des Suchens und Ringens im Hinblick auf den Willen Gottes zu Ende! Auf nach Mazedonien! Da gab es keine Zweifel mehr. Gottes Anweisung war eindeutig!

Bis sie dorthin kamen. Die Tage vergingen, ohne dass ihr Tun Ergebnisse aufwies. Es geschahen keine Wunder. Bis Paulus einen Dämon aus einer Wahrsagerin, einem Medium, austrieb und damit die ganze Stadt in Aufruhr versetzte. Der Magistrat klagte Paulus und Silas der Unruhestiftung an und ließ sie unbarmherzig auspeitschen. Dann warf man sie in ein elendes Loch von Gefängnis.

Der Traum von Mazedonien war zum Albtraum von Philippi geworden.

Wie konnte *das* der Wille Gottes sein?

Das ist eine der schwersten Fragen des Lebens: *Wenn wir doch die richtige Entscheidung getroffen haben, wieso kann uns nun so etwas passieren?*

Oder: Wenn Gott wirklich wollte, dass wir heirateten, warum haben wir nun all diese Missverständnisse?

Oder: Wenn Gott wirklich wollte, dass wir nach Kalifornien umzogen, warum sind wir hier dann so einsam?

Oder: Wenn Gott wirklich wollte, dass wir in diesem Apartment leben, warum sind dann unsere Nachbarn so widerwärtig?

Allgemein wird dann häufig angenommen, dass die erste Entscheidung ein schrecklicher Fehler war, oder dass wir die Opfer anderer Menschen oder Umstände sind, oder gar von Gott selbst in diese Lage gebracht wurden.

Dabei kann man den Verstand verlieren. Die Menschen sprechen darüber, wie unfair die ganze Sache ist. Sie geben anderen die Schuld für die eigenen Probleme. Sie weisen Gott oder sich gegenseitig die Schuld zu.

Ich möchte noch einmal wiederholen, was ich schon früher sagte: *Wir finden nicht den geringsten Hinweis in Apostelgeschichte 16, dass Paulus und Silas sich als Opfer von Menschen oder Umständen gefühlt oder eine göttliche Fehlplanung darin gesehen hätten, obwohl sie allen Grund dazu gehabt hätten.*

Ob Paulus und Silas die Gewissheit im Hinblick auf den Willen Gottes verloren hatten oder nicht, darüber können wir nur spekulieren. Doch in einem Punkt können wir sicher sein: sie vertrauten Gott, dass er ihnen die Kraft geben würde das zu ertragen, *was auch immer* mit ihnen geschehen würde.

Was auch immer ...

Erinnert ihr euch an Bob Dole? Der ältere Herr, der 1996 gegen Bill Clinton antrat? Für eine kurze Zeit während des Präsidentschafts-Wahlkampfs konnte man in den täglichen Nachrichten verfolgen, wie der alternde Senator das »Was auch immer« ständig benutzte – als eine Art Füllwort.

Doch »was auch immer« ist eines der großen Worte der Bibel! »Ich habe gelernt, mir genügen zu lassen, *wie's mir auch geht*« (»welche Umstände mir auch begegnen«), schrieb Paulus an die Philipper in Kapitel 4, 11. Er befand sich damals in Rom, nicht als Tourist oder um sich in der warmen italienischen Sonne zu erholen, sondern in einem *anderen* Gefängnis. Während eiserne Ketten an seinen nackten Gelenken hingen, schrieb Paulus einen Brief an seine geliebten christlichen Freunde in Philippi – in der gleichen Stadt, in der er und Silas beim ersten Mal ins Gefängnis geworfen worden waren.

Alle Dinge wirken tatsächlich zusammen zum Guten für diejenigen, die Gott lieben und die nach seinem Ratschluss berufen sind (Röm 8, 28). Ich liebe die meisterhafte Umschreibung dieses Verses von Eugene Peterson: »Darum können wir so sicher sein, dass jede Einzelheit unseres Lebens in der Liebe zu Gott sich zum Guten auswirkt.«

Motivationstrainer John Maxwell sagt es so: »Nicht was Ihnen *von außen* begegnet zählt, sondern was *in Ihnen* vor sich geht.« Mit anderen Worten: Ihr habt keine Kontrolle über die Umstände eures Lebens oder die Menschen, die euch begegnen oder über euren Partner – und ihr könnt auch keinen von ihnen beschuldigen. *Was auch immer* geschieht: Gott will in euch seine Gnade zur Auswirkung kommen lassen, so dass etwas Gutes daraus entsteht. Es geht nicht darum, was auch immer euch begegnet, es geht um das, was Gott in euch bewirkt. Und er ist weit mehr darum besorgt, dass ihr innerlich zufrieden als dass ihr äußerlich glücklich seid.

Wie groß ist dein Problem? Wie gehst du mit Not und Missgeschick um?

Paulus und Silas hatten keinen Einfluss darauf, was mit ihnen in Philippi geschah. Genau genommen konnten sie eigentlich nur Gott die Schuld geben, weil er sie ganz eindeutig dorthin geführt hatte. Ihre brutale Gefängnishaft war das unvorhergesehene Ergebnis davon, dass sie Gottes Willen getan hatten. Doch diese beiden Männer ließen kein Selbstmitleid aufkommen.

Vor einigen Jahren erschien ein prägnanter Cartoon in einer gediegenen christlichen Zeitschrift. Die Schlagzeile dazu hieß: »Wie Christen Jahrhunderte hindurch mit ihrem Schicksal und dem Zeitgeschehen fertig wurden.« Im ersten von vier verschiedenen Bildern betet ein Christ aus der Zeit der Entstehung des Neuen Testamentes: »Herr, gib mir den Mut, diesem aufschreienden Mob ins Gesicht zu sehen.«

Es war wirklich schlimm im ersten Jahrhundert. Es begann in Rom an jenem schicksalsschweren Tag, dem 19. Juli 64 n. Chr., als Nero, der selbstsüchtige, wahnsinnige Kaiser, seine eigene Stadt anzündete. Eigenhändig verwandelte er Rom in ein prasselndes Inferno. Holzhäuser stürzten in den Straßen Roms ineinander. Die Straßen waren eng und die Flammen breiteten sich aus wie ein Steppenbrand an einem heißen, windigen Tag. Dann beschuldigte Nero die Christen!

Ihr könnt euch vorstellen, welche Möglichkeiten die Gemeinde von Jesus Christus hätte, wenn sie heute beschuldigt würde, eine schwere wirtschaftliche Depression oder schwere Krawalle in Los Angeles ausgelöst zu haben. Und dann, David und Jill, stellt euch vor, unsere Familie – Mutti und ich, Shari und Matt – wäre verhaftet worden, man hätte uns in Tierhäute eingenäht und uns in ein Fußballstadion gebracht, wo frei herumlaufende, halb verhungerte wilde Tiere uns empfingen.

Wie groß ist euer Problem nun wirklich? Und wie werdet ihr mit Widerwärtigkeiten fertig?

Zurück zu dem Cartoon. Im zweiten Rahmen fleht das zerfurchte Gesicht eines Christen aus der Reformationszeit: »Herr, hilf mir, deine Wahrheit auszusagen, trotz des Preises, den es kostet.« Im dritten Bild wendet sich ein junges, erschrecktes osteuropäisches Ehepaar, das unter dem finstern Terror des Stalinismus lebt, an Gott: »Herr, lass uns unter diesen Belastungen treu ausharren.«

Im letzten Rahmen des Cartoons rülpst ein flotter amerikanischer Christ der Neunzigerjahre und schickt dabei einen Stoßseufzer zu Gott: »Herr, der Audi ist in letzter Zeit schlecht gelaufen.«

Zufriedensein lernen

Paulus – und zahllose andere gläubige Menschen in der Geschichte des Christentums – lernten zufrieden zu sein, *»was auch immer«* ihnen begegnete. Ein Schlüsselwort dabei ist »lernten«. Zufriedenheit ist nicht etwas, das von Natur aus da ist. Und der Weg, auf dem man sie lernt, hat viel zu tun mit eurer Beziehung zu Gott. Ich bin sogar davon überzeugt, dass die Menschen es ohne Gott einfach nicht schaffen.

Oh ja, sie können eine Menge Dinge in eigener Kraft durchstehen. Sie sind stolz darauf, stark genug zu sein, auch schwere Zeiten zu bewältigen. Aber früher oder später fühlen sie sich zutiefst hilflos. Wie unser Freund Jeff, der plötzlich als allein erziehender Vater mit fünf Kindern dastand.

Wie ist das nun doch möglich, wie können die Menschen lernen, zufrieden zu sein, *was auch immer* geschehen mag? Verblüffend schlicht beantwortet Paulus die Frage: »Ich habe gelernt, mir genügen zu lassen, wie's mir auch geht. Ich kann niedrig sein und kann hoch sein; mir ist alles und jedes vertraut: beides, satt sein und hungern, beides, Überfluss haben und Mangel leiden.« Was ist das Geheimnis des Paulus? »Ich vermag *alles* durch den, der mich mächtig macht« (Phil 4,11-13).

Hören wir, wie diese Stelle in »The Message« klingt: »Ich habe tatsächlich nicht das Empfinden, dass ich persönlich an irgendetwas Not leide. Ich habe inzwischen gelernt, völlig zufrieden zu sein, *wie auch immer* meine Lebensumstände sich gestalten. Ich bin glücklich, ob ich wenig oder viel habe. Ich habe das Rezept dafür gefunden, wie man glücklich sein kann, unabhängig davon, ob man satt oder hungrig ist, ob man gefüllte Hände hat oder leere. *Was ich auch immer* habe, wo ich auch immer bin, ich vermag alles durch den, der mich zu dem gemacht hat, der ich bin« (Übers. aus dem Engl.).

Kein Jammern

Paulus lernte das Zufriedensein, indem er sein Vertrauen auf Jesus setzte und ihm erlaubte, das in ihm zu bewirken, was er aus eigener Kraft nicht fertig brachte. Ich weiß, dass das sehr einfach klingt, aber Paulus wandte sich wirklich einfach nur an den Herrn.

Er tat es gerade damals (als er den Brief an die Philipper schrieb) in einem römischen Gefängnis. Und er hatte es vorher schon getan, als er – nach Apostelgeschichte 16 – im Gefängnis von Philippi steckte, dem gleichen, dem wir am Anfang dieses Kapitels begegneten: »Nachdem man sie hart geschlagen hatte, warf man sie ins Gefängnis und befahl dem Aufseher, sie gut zu bewachen. Als er diesen Befehl empfangen hatte, warf er sie in das innerste Gefängnis und legte ihre Füße in den Block« (Apg 16,23-24).

Und dann geschah es: »*Um Mitternacht aber beteten Paulus und Silas und lobten Gott.* Und die Gefangenen hörten sie« (Apg 16,25).

Könnt ihr so etwas glauben?

Keine armen Opfer.

Kein Klagen.

Kein Jammern.

Kein Selbstmitleid.

Paulus und Silas wandten sich einfach nur dem Herrn zu.

Und der Herr wandte sich ihnen zu: »Plötzlich aber geschah ein großes Erdbeben, sodass die Grundmauern des Gefängnisses wankten. Und sogleich öffneten sich alle Türen, und von allen fielen die Fesseln ab« (Apg 16,26).

Ich bin nicht sicher, dass ihr aus diesem Bericht schließen könnt, dass das Singen des Paulus das Erdbeben auslöste, was seinerseits die Ursache dafür war, dass die Gefängnistüren aufgingen. Es kann schon einmal sein, dass durch Beten und Lobgesang so etwas geschieht. Aber der Plan Gottes im Hinblick auf das Gefängnis in Philippi beinhaltete nicht nur, dass öffentlich bekannt werden sollte, dass Gott Paulus aus seiner persönlichen misslichen Lage befreien wollte, sondern auch darauf, dass das Reich Gottes gefördert werden sollte. Es ging darum, dass der Gefängniswärter zum Glauben kam und in Philippi eine Gemeinde gegründet wurde.

Eine Frau kam einst zu mir und erklärte mir, dass sie sich von ihrem Mann trennen wolle, um dessen Bruder zu heiraten. Sie sagte, in der Bibel stände, es sei Gottes Wille, dass wir glücklich würden. Ich antwortete ihr, dass ich keinen solchen Bibelvers kenne, und dass unser Glück die letzte Sorge Gottes sei. Gott möchte, dass wir geistlich reifen und auf dieser Ebene zufrieden sind. Und er weiß, dass Glücklichsein der größte Feind der Zufriedenheit sein kann. Ich weiß das ebenfalls. Ich habe dich aufgezogen, David, und oft genug hatte ich die ganz feste Überzeugung, dass das, was dich überglücklich machte, nicht unbedingt dazu diente, dich reif werden zu lassen.

Glück ist, wenn du selbst glücklich bist. Freude ist, wenn Gott so viel in deinem Leben bewirkt hat, dass du das Glück zu andern trägst. Aber du machst sie nicht damit glücklich, dass du sie mit deiner Fröhlichkeit umgibst. Weise sie stattdessen auf Gott hin, wie Paulus es tat, der den Philippern trotz seiner Ketten Freude vermittelte.

Gott ist nicht begrenzt durch unsere Ketten, aber wir sind begrenzt durch unseren (Klein-)Glauben.

Wie kann man glücklich sein, wenn man allen Grund zum Gegenteil hat?

David und Jill, wie brachte Paulus das fertig? Wie konnte er eine so großartige Haltung bewahren? Wo lag sein Geheimnis? Den Schlüssel dazu kann man den gesamten Philipperbrief hindurch finden.

Als Erstes: behaltet immer im Gedächtnis, dass Gott nie die Kontrolle verliert. »Ich danke meinem Gott, so oft ich euer gedenke ... in allen meinen Gebeten für euch ... und ich tue das Gebet mit Freuden ...«, schrieb Paulus an die Philipper. »... und ich bin darin guter Zuversicht, dass der in euch angefangen hat das gute Werk, der wird's auch vollenden bis an den Tag Christi Jesu« (Phil 1,3-6).

Kennt ihr Lebensversicherungen? Nun, dies ist eine Versicherung fürs ewige Leben: Gottes Versprechen, dass sein Werk in euch weitergeht und auf eine gute Weise vollendet wird. Das gibt mir unbegrenztes Vertrauen, dass Gott mich durchbringen wird, *was auch immer* geschieht und wann auch immer ich im aktuellen Morast feststecke.

Zweitens: wandle deine Selbstbesessenheit um in Liebe für andere. Gib deiner Liebeskraft ein anderes Ziel als dich selbst, wie Paulus es auch tat: »Und ich bete darum, dass eure Liebe immer noch reicher werde an Erkenntnis und aller Erfahrung, so dass ihr prüfen könnt, was das Beste sei« (Phil 1,9-10).

»Was das Beste ist« – das allein zählt.

Habe ich euch diese Begebenheit erzählt? Kathys Kinder hatten sich gerade endgültig von ihrer Mutter verabschiedet. Als sie das Krankenhauszimmer verließen, zeigte der zweijährige Adam aus dem Fenster und stieß die Worte aus: *»Da ist Jesus!«*

Paulus und Silas waren sinnlos geschlagen worden, aber irgendwie überstanden sie es. Sie überlebten, weil sie alles durch Christus vermochten, der ihnen die Kraft dazu gab. Sie konnten Gott im Gefängnis sogar noch loben.

Der Tod einer jungen Mutter von fünf kleinen Kindern ist noch sinnloser, aber Jeff wird damit fertig durch Christus, der ihm übernatürliche Kraft verleiht. Ich habe gehört, dass auch er Gott lobt.

Wie kann man lernen, bei allem *»was auch immer«* zufrieden zu sein?

Drittens: erkennt das Positive, das in Leid und Verlust verborgen liegt. Genau das tat Paulus. »Ich lasse euch aber wissen, liebe Brüder: Wie es um mich steht (die Gefangenschaft in Rom wie auch die Zeit im Gefängnis von Philippi), das ist nur mehr zur Förderung des Evangeliums geraten. Denn dass ich meine Fesseln für Christus trage, das ist im ganzen Prätorium und bei allen andern offenbar geworden« (Phil 1,12-13).

Erinnert euch gegenseitig daran, dass alle Dinge zum Besten dienen. Ein überzeugender Leitartikel in einer vor kurzem erschienenen Ausgabe von »Christianity Today« stellt fest, dass »die erste Aufgabe der Kirche, wenn sie die Ehe wieder stärken will, darin besteht, dass sie das Bewusstsein der Menschen von Gott neu belebt und die Bedeutung von Opfer, Vergebung, Leiden, Enttäuschung und vor allem Liebe wieder erkennbar werden lässt.«

Heiraten, um Leid zu erleben

Habt ihr das verstanden? *Eine der Zielsetzungen der Ehe besteht darin, die Bedeutung von Leid und Enttäuschung zu erfahren!*

Nein, das haben wir nicht begriffen. Wir jammern über unsere Enttäuschungen und sind empört, wenn wir leiden müssen. Wir erwarten einfach, glücklich zu sein – dass unser Beruf uns glücklich macht, dass unsere Ehe uns glücklich macht ... Aber so ist das Leben nicht.

Die Wahrheit ist, dass wir niemals dauerhaftes Glück an diesen Orten finden. Ein Pastor erzählte mir folgende wahre Geschichte: Bei einer kirchlichen Veranstaltung hörte er zufällig die Frau eines leitenden Mitgliedes seiner Gemeinde einem Freund gegenüber sagen: »Mein Mann macht mich nicht glücklich.«

Das weckte die Aufmerksamkeit des Pastors.

Beim weiteren Hinhören bekam er nun auch die Fortsetzung mit: »Ich habe schon lange gelernt, dass ich niemals glücklich sein würde, wenn ich das von meinem Mann erwartete. Ich bin aber dann glücklich, wenn ich mich darauf einstelle, selbst das Glück in unsere Ehe zu tragen.«

Der bekannte christliche Autor Thomas à Kempis hatte es so verstanden: »Wer am besten weiß, mit Leiden umzugehen, wird den größten Frieden bewahren. Dieser Mensch ist der Überwinder seiner selbst, der Herr über die Welt, der Freund von Jesus Christus und der Erbe des Himmels.«

Die gleiche Einstellung hat auch Jakobus. Dies ist ein Bibelvers, den wir alle nicht gern hören: »Meine lieben Brüder, erachtet es für lauter Freude, wenn ihr in mancherlei Anfechtung fallt, und wisst, dass euer Glaube, wenn er bewährt ist, Geduld wirkt. Die Geduld aber soll ihr Werk tun bis ans Ende, damit ihr vollkommen und unversehrt seid und kein Mangel an euch sei« (Jak 1, 2-4).

David und Jill, ihr müsst Not und Leid willkommen heißen, weil ihr dabei drei Dinge entdeckt, die ihr niemals in euern Flitterwochen lernen werdet:

1. was ihr wirklich über euch selbst und Gott wissen müsst;
2. wie hilflos ihr seid, das zu beherrschen oder damit fertig zu werden, was in euch ist;
3. wie man Gott in der eigenen Hilflosigkeit vertrauen kann, damit er uns zur Veränderung hilft.

Ich hörte John Maxwell einmal sagen: »Die Menschen verändern sich erst dann, wenn der Leidensdruck ihrer Situation größer ist als die Belastung einer Veränderung.« Der Wert des Leidens ist also, dass es mich an einen Punkt der Realität und des Zwangs zur Veränderung bringt, einer Veränderung, die sich *niemals* in mir vollzogen hätte ohne den Druck des Leidens.

Im Fall, dass dies noch nicht völlig klar ist, möchte ich euch noch einmal mit dem gleichen Text aus dem Jakobusbrief konfrontieren: »Meine Brüder und Schwestern, nehmt es als Grund zur Freude, wenn ihr in vielfältiger Weise auf die Probe gestellt werdet. Denn ihr wisst: Wenn euer Glaube erprobt wird, führt euch das zur Standhaftigkeit; die Standhaftigkeit aber soll zum Tun des Rechten und Guten führen, damit ihr in jeder Hinsicht untadelig seid und euch zur Vollkommenheit nichts mehr fehlt« (Gute Nachricht; Jak 1, 2-4).

Wie könnt ihr *lernen*, zufrieden zu sein, *was auch immer …?*

Viertens: lasst los, was ihr wünscht. Das hat Paulus getan: »Denn Christus ist mein Leben, und Sterben ist mein Gewinn« (Phil 1, 21). Ein paar Kapitel weiter fügt er hinzu: »Aber was mir Gewinn war, das habe ich um Christi willen für Schaden erachtet. Ja, ich erachte es noch alles für Schaden gegenüber der überschwänglichen Erkenntnis Christi Jesu, meines Herrn. Um seinetwillen ist mir das alles ein Schaden geworden, und ich erachte es für Dreck, damit ich Christus gewinne« (Phil 3, 7-8).

Was wünscht ihr euch?

Was wünscht ihr voneinander?

Was ist unglaublich wichtig für euch?

Was seid ihr nicht bereit, aufzugeben, was wichtiger ist als eure Liebe zu Jesus? Oder füreinander?

Wirklich – was ist wichtiger?

Der Himmel auf Erden

Wie könnt ihr *lernen*, zufrieden zu sein, *was auch immer* geschieht?

Fünftens: behaltet den Himmel im Blick. Paulus schrieb: »Wenn ich aber weiterleben soll im Fleisch, so dient mir das dazu, mehr Frucht zu schaffen; und so weiß ich nicht, was ich wählen soll. Denn es setzt mir beides hart zu: ich habe Lust, aus der Welt zu scheiden und bei Christus zu sein, was auch viel besser wäre; aber es ist nötiger, im Fleisch zu bleiben um euretwillen. Und in solcher Zuversicht weiß ich, dass ich bleiben und bei euch allen sein werde, euch zur Förderung und zur Freude im Glauben« (Phil 1, 22-25).

Älteren Menschen liegt es nahe, euch zu sagen, dass das Leben kurz ist und dass ihr euch bemühen müsst, aus jedem Augenblick das Möglichste herauszuholen. Es ist noch nicht lange her, da hörte ich am Radio, wie ein Experte über unheilbare Krankheiten eine entmutigende Aussage machte: »Die Menschen sterben, wie sie leben. Wenn sie ein frohes Leben führen, sterben sie auch fröhlich. Wenn sie im Leben von Groll und Unmut erfüllt sind, sterben sie auch so.«

Selbst wenn wir glauben, dass es keine Hölle gibt, so bringen die Menschen doch ihre eigene Hölle mit, wenn sie sterben.

Oder aber sie bringen den Himmel mit.

David und Jill, das Leben ist kurz, und der Himmel ist eure Heimat, nicht eure (vorübergehende) Wohnung. Diese Denkweise wird euch die richtige Perspektive geben. Doug Murren schreibt: »Die meisten von uns sind nicht übermäßig begabt mit Perspektive. Für euer Leben die richtige Sichtweise finden, was ihr auch immer erleiden müsst, ist eine große Gabe Gottes, die er euch schenken kann.«

David und Jill, behaltet die Dinge in der richtigen Perspektive, wie Paulus, der ausrief: »Darum werden wir nicht müde; sondern wenn auch unser äußerer Mensch verfällt, so wird doch der innere von Tag zu Tag erneuert. Denn unsre Trübsal, die zeitlich und leicht ist, schafft eine ewige und über alle Maßen gewichtige Herrlichkeit, uns, die wir nicht sehen auf das Sichtbare, sondern auf das Unsichtbare. Denn was sichtbar ist, das ist zeitlich; was aber unsichtbar ist, das ist ewig« (2. Kor 4,16-18).

Es kommt nicht darauf an, was euch *von außen* begegnet, sondern was sich *in euch* abspielt.

Und nun … alles, was ihr schon immer über das Sexualleben eures Vaters wissen wolltet …

3.
Gelungenes Sexualleben

Nicht alles, was ihr jemals
wissen wolltet,
aber einige Dinge, die ihr wissen müsst

Schaut ihr euch etwa um, ob jemand sieht, dass ihr dieses Kapitel lest?

Jill, fängst du mit dem Lesen an?

David, bist du neugierig, wie es mit Mutti und mir ist?

Alte Menschen haben auch noch ein Sexualleben.

Als ich in eurem Alter war, schaute ich mir die Leute an, die so alt waren wie ich jetzt und überlegte, wie es in ihrem Schlafzimmer wohl zugehen mochte. Ich meine, es waren keine perversen Gedanken, die mich da bewegten. Ich war bloß neugierig, ob »es« immer noch häufig passierte, als sie älter wurden. Und ob »es« anders war als früher.

Wollt ihr wissen, was ich entdeckte? Es wird sogar besser.

Vor ein paar Wochen zappte ich gerade durch die einzelnen TV-Kanäle und erstarrte bei dem, was ich dort in der »Letterman Show« sah. Tony Randall – ich denke, er ist um die Achtzig – erzählte selbstgefällig von seiner Frau, die in den Zwanzigern und schwanger ist. Sie ist so jung, dass ihre Eltern Tony Randalls Kinder hätten sein können. (Ich kann mir vorstellen, dass ihr darüber erst eine Minute nachdenken müsst.)

Ich starrte auf Tony Randalls Gesicht und murmelte vor mich hin: »Wie ist das möglich?« Selbst Letterman blickte verwirrt.

Es ist verrückt, sich alte Leute im Zusammenhang mit Geschlechtsverkehr vorzustellen, nicht wahr?

Aber einerlei, wie alt du bist, die nackte Tatsache ist, dass Sexualität ein Leben lang als Gabe bestehen bleibt. Wir können unsere Sexualität nicht als selbstverständlichen Besitz ansehen. Niemals. Sexualität ist eine starke Macht, die ein verheiratetes Paar zu »einem Fleisch« werden lässt – oder es zerstören kann. Ich spreche nicht unbedingt über sexuellen Missbrauch oder andere Arten sexueller Perversion, von der man in den Zeitungen liest oder die man täglich auf dem Bildschirm sieht. Die größten Gefahren gehen von den flüchtigen Vergnügungen aus, die das Gewissen verbrennen und in der Seele Wunden zurücklassen.

Im letzten Sommer besuchten einige unserer Gemeindemitglieder eine Konferenz in Baton Rouge, Louisiana. Wir suchten nach einem schönen Platz, wo wir zu Abend essen konnten und verloren uns dabei im Südende der Stadt. Auf der rechten Straßenseite erhob sich undeutlich etwas Riesiges, Graues, Unfertiges in die Luft – von einem Stacheldraht umgeben. Das Unkraut wucherte über einen Meter hoch darum herum.

»Was ist *das*?«, stieß ich hervor.

Einen Augenblick später wies jemand auf ein Schild hin. Es war die Kirche, das College und das internationale Hauptquartier der mit vielen Millionen Dollar erbauten Jimmy-Swaggart-Einrichtung. Jetzt war sie außer Funktion und in Vergessenheit geraten wegen der geheimen Sünden eines einzelnen Mannes. Der früher bedeutende Mann im Reich Gottes hatte mit solcher Leidenschaft über Heiligkeit gepredigt und dabei die ganze Zeit sich innerlich in sexueller Sucht gekrümmt.

Das Gift moralischen Versagens

Swaggart ist kein Einzelfall. Viele Menschen, oft in angesehenen Positionen christlicher Kreise, sind verschiedenen Arten sexueller Versuchungen erlegen. Ihr Ruf ist oft fürs ganze Leben ruiniert. Andere, wie der Bestseller-Autor Gordon MacDonald, dessen erstes bedeutendes Buch den Titel trug: »Ordering Your Private World« (Ordne dein Privatleben), kehrte in sein Amt erst nach Jahren des Heilwerdens und der Erneuerung zurück. Die Versuchung ist sehr real, und keiner ist immun.

Es passierte auch einem Kollegen und engen persönlichen Freund, einem, den ihr beide kennt, dessen Intimbegegnung mit einer weiblichen Beraterin in einer einzigen Nacht nahezu seine Familie und sein Amt zerstörte. Aber auch da hat Gottes Gnade und sein Heilungsprozess die Oberhand behalten.

Ein mir befreundeter Pastor erzählte mir von einem Mann in seiner Gemeinde, der wegen homosexueller Betätigung verhaftet worden war. Als leitender Mitarbeiter in der Gemeinde war er *zwanzig Jahre* lang zu Prostituierten gegangen, und niemand hatte eine Ahnung davon, nicht einmal seine Frau.

Vor kurzem veranstaltete »Leadership Magazine« eine Umfrage unter etwa tausend Pastoren. Die Pastoren gaben an, dass 12 % von ihnen während ihrer Amtszeit Ehebruch begangen hätten. Das ist jeder Achte! Und 23 % hatten etwas getan, das sie als sexuell unangemessen empfunden hätten.

»Christianity Today« befragte etwa tausend ihrer Abonnenten, die keine Pastoren waren und entdeckte, dass die Zahlen dort ungefähr doppelt so hoch waren: einer von vier christlichen Ehemännern war untreu und nahezu die Hälfte gab zu, sich sexuell unangemessen verhalten zu haben!

Sexualität. Sie kann das Beste und das Schlimmste im Leben sein. Sie ist das Ehrfurchtgebietendste, wenn sie in rechter Weise ausgelebt wird. Und sie kann unvorstellbar zerstörerisch sein, wenn sie in falschen Bahnen verläuft. Sexuelle Verantwortungslosigkeit kann mehr als irgendetwas anderes zum Rasiermesser werden, das die Struktur unserer Nation zerfetzt. Und das möchte ich prophezeien – ohne dass ich irgendetwas über euer Privatleben weiß, David und Jill: Sexuelle Differenzen werden eine der ernstesten Fragen sein, denen ihr als Ehepaar begegnet.

Ich habe eine Menge Gründe, um das zu glauben, ganz abgesehen von meinen eigenen Kämpfen auf dem Gebiet. Doch bevor ich von mir spreche, möchte ich euch deutlich machen, gegen was ihr antreten müsst: *Heute befinden wir uns in einer Kultur der Besessenheit von Sex, die uns an den Abgrund unrealistischer Erwartungen lockt, wo wir es riskieren, in eine persönliche Hölle sexueller Fantasien, sexueller Süchte und geistlicher Unterdrückung hineinzustürzen.*

Die unersättliche Suche nach gutem Geschlechtsverkehr

Ein Artikel in der Frauen-Beilage der Tageszeitung von Phoenix verkündet lautstark: »Bücher über guten Geschlechtsverkehr«. Der Bericht gibt in seiner Eingangsaussage zu: »*Die unersättliche Suche nach gutem Geschlechtsverkehr* – besonders für Frauen (soll das heißen, dass guter Geschlechtsverkehr für Männer nicht schwer zu finden ist?) kennt in der amerikanischen Kultur offenbar keine Grenzen.

Wir haben Masters und Johnson gehabt, den Kinsey-Report und den Hite-Report, den neuen Kinsey-Report, The Joy of Sex, den G-Spot und jetzt CAT, nicht zu vergessen das Kamasutra und den mystischen ›Venus butterfly‹. Hier werden vier Bücher vorgestellt (der Artikel bespricht sie), die beweisen, dass die Suche noch voll im Gange ist.«

Wenn ihr wirklich denkt, dass die Amerikaner – Männer und Frauen – nicht nach Sexualität verrückt sind, dann seht euch bloß die Covers der meisten populären Magazine an. Der Redakteur James J. Kilpatrick bemerkte in einem kürzlich erschienenen Leitartikel: »abgesehen von Science, National Geographic und Southern Living ist es schwer, ein bekanntes Magazin zu finden, das nicht in Sexualität schwelgt. Cosmopolitan suhlt sich geradezu darin. Selbst Reader's Digest, begierig auch ein Stück vom Kuchen abzubekommen, gibt regelmäßig Informationen über die sexuelle Seite der Ehe.«

Wer sind unsere Rollen-Klischees? Madonna? Dennis Rodman in Frauenkleidung? Alternative Rock-Bands und Spiritisten, deren Melodien vulgäres Zeug, Gewalt und sexuelle Perversion ausspucken?

Wie ist es mit Filmen? Oder Fernsehen mit »Themen für Erwachsene«? Wisst ihr, dass TV-Maßstäbe zu einer früheren Zeit forderten, dass Beaver Cleavers Eltern in *Doppelbetten* schliefen? Das ist kaum vierzig Jahre her. Kehren wir also zurück zu uns. Die heutigen Leitlinien für die allgemeine Sichtweise in diesen Dingen kann man nur als Pornographie bezeichnen.

Morton Kondracke, ein älterer Herausgeber von The New Republic und nachgewiesenermaßen ein Liberaler, überrascht seine »progressiven« Leser, indem er zugibt: »Wir Puritaner (er schließt sich selbst ein dabei) denken, dass die sexuelle Befreiung zu weit gegangen ist, dass im Ergebnis alle Menschen leiden und dass die Medien, die Kirchen und die Schulen, die Regierung und andere einflussreiche Erwachsene zu den altmodischen Tugenden ermutigen sollten – wie Selbstdisziplin und Aufschub von Befriedigung – statt die jungen Leute dazu anzuregen, den Verstand auszuschalten und den Trieb zu befriedigen.«

Eine Show mit Damenunterwäsche am Sonntagmorgen

David und Jill, kennt ihr den mit mir befreundeten Pastor Mark Buckley? Ein sehr lustiger Kerl. Vor ein paar Monaten hielt er eine Zeitung in der Hand und las seiner Gemeinde einen Artikel daraus vor. Es war überhaupt keine humorvolle Abhandlung, aber seine Zuhörer kicherten.

Ziemlich entnervt unterbrach er seine Predigt: »Was ist daran so spaßig?«

Als er sah, dass sie auf die *Rückseite* der Zeitung hindeuteten, drehte er sie kurz um. Peinlich berührt stellte er fest, dass dort eine ganze Seite Werbung für besonders reizvolle Damenunterwäsche zu sehen war.

Man findet diese Art überall!

Ich kann mir denken, dass ihr bei der folgenden Bemerkung aufschreit: Ich denke, dass das Auftauchen bekannter Wäschegeschäfte wie »Victoria's Secret«, eines raffinierten, teuren Erotik-Shops, symptomatisch ist für unsere Suche nach den äußersten sexuellen Erfahrungen.

Ich gebe zu, dass ich mit Mutti auch schon dort war. Ich habe ihr Sachen aus deren Katalog bestellt, und ich denke nicht, dass da etwas eindeutig Sündiges dabei ist. Aber »Victorias's Secret« ist ein winziges Symbol eines riesigen Problems: *die völlig unrealistischen Erwartungen unserer Kultur der Sexbesessenheit.* Das Vergnügen wird zum Sinn der Sexualität und Geschlechtsverkehr wird zum Selbstwert.

Wir starren auf die Erotik-Szenen bei Harkins und AMC, und wir kaufen bei »Victoria's Secret«. Das Problem ist, dass unsere Schlafzimmer dann so steril wirken verglichen mit unseren Vorstellungen, wie sie sein sollten. Unsere sexuellen Beziehungen sind nicht ganz das, was sie nach unserer Meinung sein könnten, wenigstens meistens.

Auf diese Weise wächst allmählich die Enttäuschung aneinander – Stück für Stück nagt sie innerlich an uns. Kann sein, dass wir uns einfach nicht mehr lieben. Wenn keine Freude am Geschlechtsverkehr mehr vorhanden ist, *muss* das doch bedeuten, dass in unseren Herzen keine Liebe mehr ist. Ihr erkennt, dass dieses Gefühl, das einmal da war, verloren ging.

Sexualität ist eine geistliche Angelegenheit

Und genau da liegt das Problem: Geschlechtsverkehr ist nicht nur ein liebevolles Gefühl. Geschlechtsverkehr ist nicht nur zum Vergnügen da. Er hat einen *geistlichen* Hintergrund. Ich will es euch erklären.

Die negative Seite ist, dass Geschlechtsverkehr wie ein Gott ist. Was auch immer unser Leben beherrscht, ist unser Gott, ob wir es wollen oder nicht, ob wir es zugeben oder nicht. Auf der andern Seite steht die Wahrheit, dass Sexualität *von* Gott kommt. Sexualität ist eine geistliche Sache, weil sie Gottes Erfindung ist:

»Und Gott der Herr baute eine Frau aus der Rippe, die er von dem Menschen nahm, und brachte sie zu ihm. Da sprach der Mensch: Das ist doch Bein von meinem Bein und Fleisch von meinem Fleisch; man wird sie Männin nennen, weil sie vom Manne genommen ist.

Darum wird ein Mann seinen Vater und seine Mutter verlassen und seiner Frau anhangen, und sie werden sein ein Fleisch. Und sie waren beide nackt, der Mensch und seine Frau, und schämten sich nicht« (1. Mose 2,22-25).

Gott hat die Sexualität mit *vier Zielsetzungen* geschaffen:

1. Geistliche Einheit – »ein Fleisch«;

2. Gemeinschaft und Nähe – »nackt und sie schämten sich nicht«;

3. um Kinder zu zeugen – »Und Adam erkannte sein Weib Eva, und sie ward schwanger« (1. Mose 4,1);

4. zum Vergnügen – was zwar im ersten Buch Mose nicht erwähnt ist, aber vgl. Sprüche 5,18-19.

Geschlechtsverkehr ist eine geistliche Angelegenheit, weil unsere Sexualität von Gott geschenkt und um seinetwillen gemacht ist. Ich weiß, dass das vielleicht dumm klingt, aber gerade darum fühlen sich Paare so eng miteinander verbunden, wenn sie zusammen im Gottesdienst sitzen. Erst heute bemerkte ein junger Mann aus unserem Gemeindeleitungskreis, dass es ihm Freude macht, in der Gemeinde nahe bei seiner Frau zu sitzen. »Ich lege gern meine Hand auf ihr Knie«, sagt er mit einem leisen Lächeln.

Und ich weiß aus unserer Situation: die wenigen Male, wenn wir als Familie in der Gemeinde zusammensitzen (weil ich gewöhnlich predige), hat Mutti *es gern*, wenn ich ihre Hand halte oder meinen Arm um sie lege. *Geistliche Einheit und Nähe führt zu persönlicher Vertrautheit und diese führt zu sexueller Intimität.* Anders herum funktioniert es *nicht.* Guter Geschlechtsverkehr hat nichts mit Technik zu tun, aber alles mit Vertrauen. So hat Gott uns geschaffen.

Von Gott geschenkte Sexualität ist eine wunderbare Sache! Klingt das verrückt? Irgendjemand hat sogar eine Studie darüber verfasst. Vor einigen Jahren hat »Focus on the Family« einen Bericht über sexuelle Befriedigung veröffentlicht. Sie fanden heraus – entgegen der gängigen Meinung: je konservativere (geistlichere?, puritanischere?) Ansichten eine Person im Hinblick auf Geschlechtsverkehr habe, desto größer sei die Wahrscheinlichkeit sexueller Befriedigung. Je freizügiger aber jemand damit umgehe, desto weniger sei mit sexueller Befriedigung zu rechnen.

Habt ihr schon mal von Mick Jagger von den Rolling Stones gehört? Er besingt schmachtend den Kummer meiner Generation: »I can't get no … saaaa … tisfaction.« (Ich kann keine Befriedigung finden.) Ich muss mich wiederholen: Wenn ihr nur leidenschaftlich das Vergnügen sucht, werdet ihr am Ende ausgebrannt und leer sein. Sucht leidenschaftlich nach Gott, und ihr werdet auch im Schlafzimmer Freude finden.

In der Welt geht es umgekehrt zu: »Darum hat Gott sie in den Begierden ihrer Herzen dahingegeben in die Unreinheit, sodass ihre Leiber durch sie selbst geschändet werden, sie, die Gottes Wahrheit in Lüge verkehrt und das Geschöpf verehrt und ihm gedient haben statt dem Schöpfer …« (Röm 1,24-25).

Schließt Gott aus eurem Sexualleben aus und ihr werdet euch in einem Vakuum unerfüllter Leidenschaft wiederfinden. Was machen die Menschen dann, um das Vakuum zu füllen? Wenn man dem Gott der Begierden dient, tut man schließlich alles. Ich sage es noch einmal: *Unsere Kultur ist erfüllt von Sexbesessenheit, die uns an einen Abgrund unrealistischer Erwartungen führt. Wir riskieren dort, in eine persönliche Hölle sexueller Fantasien, sexueller Süchte und geistlicher Unterdrückung hineinzutaumeln.*

Und dann die Pornographie.

Eine geistige Affäre

In der letzten Woche gab mir Larry Greenwald, der Leiter der Beratungsabteilung unserer Gemeinde, ein neues Buch von Laurice Hall. »An Affair of the Mind: One Woman's Courageous Battle to Salvage Her Family from Devastation of Pornography« (Eine geistige Affäre: der mutige Kampf einer Frau, um ihre Familie aus der zerstörerischen Macht der Pornographie zu retten) hieß der Titel. Mir werden so viele Bücher in die Hand gedrückt – und so stellte ich es in meiner persönlichen Bibliothek ins Regal zu anderen Büchern über Sexualität. »Es könnte mal eine gute Quelle zur Information sein«, sagte ich mir.

Aber schon eine Woche später erwähnte Gwen Ellis, meine Herausgeberin bei »Servant Publications«, zufällig das gleiche Buch –

und dass ich es unbedingt lesen sollte. Es würde mir helfen, so dachte sie, ein Empfinden dafür zu bekommen, wie ich dieses Buch hier schreiben sollte.

Es ist große Klasse! In diesem Buch ist eine Sammlung von Briefen enthalten, die Laurice Hall an ihren unberechenbaren Gatten Jack schrieb. Hier ein Beispiel:

»Lieber Jack,

ich meinte jedes Wort so, wie ich es an jenem Tag vor zwanzig Jahren sagte – all das von Lieben und Ehren und Erfreuen und Alles-andere-darüber-Vergessen. Hast du es auch ehrlich gemeint, oder waren es für dich nur Lippenbekenntnisse? Wie konntest du das wirklich meinen, wenn diese Ehe für dich vom ersten Tag an nur ›Lust‹, aber nicht ›Liebe‹ bedeutet hat?

Ist es nicht ironisch, wie die Lust gerade das zerstört, wonach sie verlangt, bis schließlich am Ende das, was nur benutzt wird, keine Schönheit mehr hat, die irgendjemand sich wünschen würde? ›Lust‹ bekommt nie genug. Wenn die Magazine nicht mehr genug anboten, gingst du zu Striptease-Shows. Und als das nicht mehr genügte, kauftest du dir die Mädchen und nahmst sie mit in dein Hotelzimmer. Und ganz einerlei, wie viele von ihnen du hattest, es war niemals genug.

Jetzt habe ich genug gehabt. Genug an Verletzungen. Genug vom Weinen. Genug vom immer neuen Hoffen.«

Allein das Abschreiben des Briefs für dieses Kapitel meines Buches weckt in *mir* Gefühle, die mir das Weinen näher sein lassen als alles andere.

David und Jill, ihr beide seid ein so anständiges christliches Ehepaar, dass ich mir *niemals* vorstellen kann, dass euch so etwas passiert. Aber es passiert leider manchen netten, »anständigen« Christen. Und wenn Gottes Gnade mich nicht bewahrte, könnte es mir auch passieren.

Es gibt vieles in meinem Leben, was Gott mir vergeben muss, aber offen gesagt: ich habe niemals, solange ich erwachsen bin, in pornographische Literatur hineingeschaut. Als Kind habe ich es getan. Im Alter von dreizehn oder vierzehn war ich öfter Babysitter bei einer Familie in unserer Straße. In einem der Zimmer lagen Ausgaben des »Playboy« im Zeitungsständer.

Ich schaute sie mir an und uiiih! Es waren nicht die Bilder selbst, sondern was sie in mir auslösten, wie sie mich erregten. Das war das erste und *einzige* Mal in meinem Leben, dass ich erfuhr, was Pornographie ist. Und diese Vorstellungen verfolgen mich heute noch.

Die Versuchung verschwindet niemals. Selbst wenn ihr schon um die fünfzig seid. Überall schaut das schmutzige Zeug hinter der Theke jedes einschlägigen Geschäftes hervor. Genau da, neben allen guten Magazinen, an jedem Zeitungsstand, an jedem Flughafenkiosk.

Hey, wer sieht das schon? Ich bin allein hier! Ein kurzer Blick hinein wird nicht schaden!

Und weiter! Sexfilme, ständig vorrätig in Videogeschäften, »Nur für Erwachsene«-Kanäle im Kabelfernsehen, neueste Spitzen-Pornographie im Internet.

Um euch allmählich hineinzuziehen, sollt ihr euch alle Arten von Pornographie ansehen, in Filmen »ab 18«, mit wilden, suggestiven Fotos, die man in populären Magazinen findet wie »People« oder »Us« oder im »Victoria's-Secret«-Katalog.

Lügner, tot oder schwul

Jeder junge Mann, der sagt, dass er keine sexuelle Versuchung kennt, lügt entweder oder ist tot oder ein Homosexueller. Männer sind geradezu unglaublich unrealistisch im Hinblick auf ihre sexuelle Anfälligkeit und die weiterreichenden Konsequenzen, wenn sie sich selbst nicht unter Kontrolle haben.

Vor einigen Jahren erzählte mir ein Freund die Geschichte seines Bruders, der eine zweite Ehe eingegangen war. Seine Frau hatte eine Tochter im Teenageralter, die noch zu Hause lebte. Mitten in der Nacht, in einem Augenblick verrückter sexueller Fantasien, ging er ins Schlafzimmer seiner Stieftochter und berührte sie, wo er es nicht hätte tun dürfen. Sie wachte schreiend auf, und das Leben des Mannes war nahezu ruiniert.

Am Ende wurde er durch das darauf folgende Trauma zum Christen und wunderbarerweise heilte Gott seine Ehe. Aber was ist es, das über einen Mann kommt und ihn so etwas tun und dabei alles riskieren lässt?

Ich denke, dass Frauen auch nicht immer realistisch über männliche Sexualität denken. Die meisten Frauen halten ihre Männer für übermäßig sexuell veranlagt (was aber nicht stimmt) und meinen, dass sie sehr viel über Sex nachdenken (wahrscheinlich ist das wahr). Und von Ehegatten, die *Christen* sind, nimmt man an, dass sie andere sexuelle Bedürfnisse haben (was nicht stimmt).

O.K., ich weiß, dass Frauen nach nackten Männern schauen. Aber es ist eine Tatsache, dass mehr als 90 % aller pornographischen Literatur auf die sinnliche Begierde der Männer abzielen. Und wenn du es noch nicht wissen solltest, Jill (und alle anderen Frauen, die dieses Buch lesen): Im Allgemeinen kann man sagen, dass Männer Pornographie zur Masturbation benutzen.

Versetzt dir das einen Schock?

Pornographie erregt die Begierde eines Mannes, aber nach Dr. Victor Cline, einem prominenten Forscher im Hinblick auf die psychologischen Wirkungen pornographischer Bilder und Literatur, enthalten diese auch wissenschaftlich unkorrekte, falsche und irreführende Informationen über die menschliche Sexualität, besonders über die weibliche. Ein Mann, der Pornographie konsumiert, bringt Verzerrungen und Funktionsstörungen in sein eigenes sexuelles Selbstverständnis und Leben.

Wenn also eine Frau ihrem Mann ein pornographisches Magazin in die Hand drückt, um ihm im Hinblick auf seine sexuelle Erregung zu helfen (ich habe gehört, dass das nicht selten ist), wird sie genau das Gegenteil von dem erreichen, was sie beabsichtigt. Pornographie entmenschlicht die Frau, die in den Bildern dargestellt wird, und den Mann, der sie so ansieht.

Doch schlimmer noch als das – *pornographische Magazine und Filme treiben die Menschen in eine persönliche Hölle sexueller Abhängigkeit und geistlicher Unterdrückung*.

Sexualität und der Teufel

Erinnert ihr euch noch? Sexualität ist eine geistliche Sache, eine *machtvolle* geistliche Angelegenheit. Wenn ihr mit der Beziehung zu Gott in diesen Bereich einsteigt, gewinnt ihr eine vorbehaltlose Intimität (»ein Fleisch« – 1. Mose 2, 24) und Sex ohne Scham (»sie waren beide nackt ... und schämten sich nicht« – 1. Mose 2, 25). Steht am Anfang nur die Lust und bleibt Gott außerhalb der Beziehung (Pornographie), dann spielt ihr mit sexueller Sucht, vielleicht sogar mit geistlicher Unterdrückung.

Laurice Hall berichtet in einem kurzen Abschnitt in »An Affair of the Heart« unter der Überschrift »Things That Go Bump in the Night« (Was nachts aufeinander trifft) folgende anonyme Geschichte:

Früh an einem Morgen kam der vierjährige Tommy ins Schlafzimmer seiner Eltern.

»Wer ist der Mann?«, fragte er und zog an seiner Mutter, um sie zu wecken.

»Welcher Mann?«, sagte Sue und blinzelte, bis sie wach war.

»Der Mann, der ganz schwarz angezogen ist, neben Daddy«, antwortete der Kleine.

Sie konnte neben Matt niemand sehen. »Tommy, da steht keiner bei Daddy. Geh wieder in dein Bett.«

»Doch, Mammi, da ist einer.« – Tommy begann zu weinen.

Während der nächsten Wochen sah Tommy den Mann verschiedene Male. Sue tat das jedes Mal als hyperaktive Fantasie eines Vierjährigen ab. Dann wurde sie eines Nachts wach, weil Matt mit seinem Arm nach ihr tastete.

»Sue«, stöhnte er, »bete für mich.«

Auf seinem Gesicht stand Entsetzen geschrieben. Schnell stammelte sie ein Gebet und bat den Herrn, zu ihnen zu kommen und bei ihnen zu bleiben und sich um das zu kümmern, was ihren Gatten erschreckte.

Später erzählte ihr Matt, dass er aufgewacht wäre und die Gestalt eines Mannes über sich schweben gesehen hätte. »Es war wie eine unendliche Schwere. Ich konnte kaum noch atmen, Sue«, sagte er.

Obwohl es Sue zu jenem Zeitpunkt nicht bewusst war, hatte Matt mit einer geheimen sexuellen Sucht gekämpft, die Masturbation und Exhibitionismus einschloss.

Der springende Punkt dieses Berichtes ist, dass unsere Sexualität einen geistlichen Hintergrund hat. Wenn man Sex nur als Mittel zur Lustbefriedigung ansieht, geht man das reale Risiko geistlicher Unterdrückung und Beherrschung ein. Ich will damit nicht sagen, dass ich jede sexuelle Sünde als dämonisch ansehen würde. Aber geistliche Kriegführung ist etwas Reales. Und unser Leben berührt immer auch die geistliche Dimension. Darum schreibt Petrus: »Seid nüchtern und wacht; denn euer Widersacher, der Teufel, geht umher wie ein brüllender Löwe und sucht, wen er verschlinge. Dem widersteht, fest im Glauben« (1. Petr 5,8-9).

Ich weiß, einiges ist »starker Tobak«, aber ihr müsst die Wahrheit erfahren – ihr und eure Generation. Das Wissen um all diese schlimmen Dinge wird euch helfen, die Macht der Sexualität zu verstehen – sowohl im Guten wie im Bösen – und wie ungeheuer wichtig es ist, euer Sexualleben im Einklang mit dem Wort Gottes zu führen.

Was die Bibel über Sexualität sagt

Diese ungewöhnliche Übersetzung von 1. Korinther 6,16-20 durch Eugene Peterson ist lesenswert: »Geschlechtsverkehr ist mehr als nur ›Haut auf Haut‹. Geschlechtsverkehr ist ebenso sehr ein geistliches Geheimnis als ein physischer Akt. Wie es in der Heiligen Schrift heißt: ›Die zwei werden eins sein.‹ Da wir geistlich auch eins mit unserem Meister werden wollen, dürfen wir keine Sexualität ausleben, bei der Hingabe und Intimität vermieden werden und bei der man einsamer bleibt denn je – bei dieser Art Sexualität kann man niemals ›eins werden‹.

In gewissem Sinn unterscheiden sich sexuelle Sünden von allen anderen. Bei der sexuellen Sünde verletzen wir die Heiligkeit unseres eigenen Körpers, dieses Körpers, der für von Gott geschenkte und von Gott gestaltete Liebe geschaffen wurde, um mit einem anderen

›eins zu werden‹. Oder wisst ihr nicht, dass euer Körper heilig ist, ein Tempel des Heiligen Geistes? Wisst ihr nicht, dass ihr nicht leben könnt, wie es euch gefällt, das vergeudend, wofür Gott einen so hohen Preis bezahlt hat?

Der physische Anteil eures Ichs ist nicht ein Stück Eigentum, über das ihr verfügen könnt nach Gutdünken. Gott gehört alles, was er geschaffen hat. So lasst nun die Menschen in euch und durch euren Körper Gott sehen.«

Rückhaltlose Ehrlichkeit ist die beste Verhaltensweise

Es ist für dich wichtig, Jill, dass du die Freiheit hast, David jederzeit zu fragen, was er denkt. Oder auch, ob er nach Dingen Ausschau hält, die er sich nicht ansehen sollte. Wahrscheinlich würde er dir von sich aus keine Information darüber geben, weil Begierde auch von Schamgefühl begleitet ist.

In gewisser Weise ist es das, was jeder junge Mann fürchtet – eine Frau, die sein Herz wünscht. Ein Mann wünscht sich im Innersten vor allem *den Körper* der Frau. Eine Frau wünscht sich im Innersten einen Mann auf *geistiger und emotionaler* Ebene. Selbst einige der liberalsten Experten in menschlicher Sexualität stimmen dem zu, dass ein Mann seine Freude an Sexualität *vorrangig* im physischen Bereich findet, während eine Frau mehr Wert auf die Beziehung legt. Es gibt natürlich Ausnahmen. Männer und Frauen wünschen sich physische Lust und emotionale Bindung, aber generell sind Frauen mehr auf der Beziehungsebene ansprechbar.

In einem säkularen Buch mit dem Titel: »Why Can't Men open Up?« (Warum können Männer sich nicht öffnen?) erkunden Steven Naifeh und Gregory Smith die Furcht der Männer vor Intimität: »Warum können Männer sich nicht öffnen? Diese Frage, berstend von Frustration und Wut, wurde uns zuerst während der Begegnung mit einer Diskussionsgruppe von Frauen entgegengeschleudert. Wir besuchten das Treffen, um Untersuchungen zu einem Buch über sexuelle Beziehungen anzustellen. Wir hatten erwartet, einige Insider-Tipps zu bekommen, wie Frauen sich die sexuelle Beziehung zu ihren Männern wünschten. Stattdessen entdeckten wir, dass das für sie gar nicht im Mittelpunkt stand.

Jennifer, die als Gastgeberin bei dem Treffen fungierte, sagte uns: ›Wenn ich für mich sprechen soll – wenn unsere Beziehung gut ist, ist auch das Sexualleben gut. Wenn's mit der Beziehung nicht stimmt, ist das Sexualleben schrecklich. So einfach ist das.‹«

Erinnert ihr euch, dass ich früher schon sagte, dass ich auf die Intimität noch einmal zurückkommen würde? Jetzt sind wir an dem Punkt. Sexuelle Intimität hat ihre Wurzel in einer intimen *Beziehung*. Dr. Miriam Stoppard, Doktor der Medizin und Autorin von siebenundzwanzig Büchern über Fragen der Gesundheit, hat eine Botschaft für die Neunzigerjahre: »Der beste Geschlechtsverkehr findet sich in lang andauernden, stabilen Beziehungen. Es ist einfach unrealistisch, befriedigenden Geschlechtsverkehr mit einer großen Zahl von Partnern in kurzen sexuellen Begegnungen zu erwarten. Es braucht Jahre, bis man sich wirklich kennt, sich versteht und lernt, was den anderen anregt.

Wir waren so eingestellt auf die physische Seite des Geschlechtsverkehrs, dass wir die Freuden dessen vergessen haben, was man einmal als eheliche Sexualität bezeichnete – wie man Liebe schenkt und sich selbst einem andern völlig hingibt – und das über einen langen Zeitraum.«

Wie erreicht man Intimität in der Beziehung? Das erfordert tägliches Bemühen für den Rest eures Lebens! *Bevor* Adam und Eva sündigten, waren sie nackt und schämten sich nicht. *Nichts* störte ihre Intimität. *Nach* dem Sündenfall wurden sie selbstbewusst und mussten sich selbst schützen. Sie banden Feigenblätter zusammen, um ihre Blöße zu bedecken, so sagt es die Bibel.

Feigenblätter haben irgendwie etwas mit Verstecken zu tun – Verstecken eurer Scham vor anderen, Verstecken vor euch selbst, Verstecken vor Gott. Praktisch bedeuteten die Feigenblätter von Adam und Eva, dass sie nicht mehr wirklich aufrichtig miteinander reden konnten, weil sie etwas zu verstecken hatten.

Lügner, Lügner

Hört doch nur, was Adam antwortete, als Gott ihn zusammengekauert im Garten Eden fand: »Die Frau (es ist ihr Fehler), die du mir zugesellt hast (es ist Gottes Fehler), gab mir von dem Baum und ich aß (ich konnte gar nicht anders)« (1. Mose 3,12).

Eva war nicht weniger falsch: »Die Schlange«, sagte sie, »betrog mich, sodass ich aß« (1. Mose 3,13). Der Teufel ließ es sie tun.

Das ist die Sprache eines Lügners, eines Menschen, der etwas zu verbergen hat. Es ist die unaufrichtige Äußerung der Selbsttäuschung und des Leugnens. Wenn ihr so etwas hört, wisst ihr nicht, was ihr glauben sollt. Ihr wisst nicht, wem ihr glauben sollt. Ihr seid verwirrt.

Doch Gott hat eine Lösung für die Feigenblätter und für das, was sie darstellen. Es ist die Haut eines Tieres, ein prophetisches Symbol, das auf Jesus hinweist, der sein Blut vergoss und für euch und für mich starb, um unsere Sünden zuzudecken, uns zu vergeben und uns mit Gerechtigkeit zu kleiden.

Um die Tierfelle *anzuziehen*, mussten Adam und Eva die Feigenblätter ihres Leugnens *ablegen* und sahen erneut ihrer eigenen Nacktheit und Scham ins Gesicht. Das ist eine gewaltige Sache. Daran liegt es, dass es so ungeheuer schwierig ist, geheilt zu werden. Wir empfinden, dass wir so viel zu verlieren haben.

Stellt euch doch einmal vor, all jene Feigenblätter voreinander abzunehmen. Es ist leichter, seine Kleider auszuziehen. Doch die Kleider abzulegen wird immer weniger wert, wenn ihr die Feigenblätter nicht abnehmt. Öffnet euch füreinander. Geht aufrichtig miteinander um. Ihr werdet nicht jeden Tag Geschlechtsverkehr haben, aber ihr müsst jeden Tag an eurer Intimität arbeiten, und ihr braucht Jesus, dass er euch dabei hilft. Wenn ihr dann Geschlechtsverkehr habt, werdet ihr stöhnen: »Das ist gut! Das ist *wirklich* gut!«

Hier ein paar Tipps, wie man die Intimität in der Beziehung aufbaut:

- Seid ehrlich miteinander. Eine halbe Wahrheit ist eine ganze Lüge. Damit meine ich nicht: »Es muss alles auf den Tisch! Sprich alles aus!« Wenn Menschen sagen: »Jetzt will ich dir mal ganz ehrlich

etwas sagen«, dann meinen sie manchmal: »Ich bin wirklich wütend auf dich und werde allmählich böse.«
Manchmal liegt allerdings alles am Timing. Manche Dinge müssen gerade in der richtigen Zeit besprochen werden. Das Ende des Tages dürfte wahrscheinlich nicht der beste Augenblick sein.

- Sprecht über eine Menge Dinge, dann wird euch das Reden, wenn es nötig ist, über wichtige Sachen zu sprechen, leichter fallen. Und denkt daran, dass Kommunikation nicht bloß auf der sprachlichen Ebene abläuft. Einige Fachleute für Kommunikation sagen, dass nur etwa 10 % aller Botschaften über die Sprache vermittelt werden. Der Ton der Stimme macht 40 % aus und die nonverbale Kommunikation – Körpersprache, Gesichtsausdruck – »übersetzt« 50 % von dem, was wir »sagen!«
- Hört zu, ihr jungen Männer. Achtet nicht nur auf die Worte, sondern auch auf die Gefühle hinter den Worten. Männer geben das nicht gerne zu, aber die Menschen – Frauen *und* Männer – reagieren grundsätzlich emotional *auf alles.* Glaubt ihr mir nicht? Achtet einmal aufmerksam auf die Werbesendungen im Fernsehen. Beobachtet, wie sie euer Herz und eure Gefühle ansprechen und gewinnen. Kommunikation ist wirklich nicht nur das, was wir sagen, sondern was wir dabei fühlen. Der anerkannte Fachmann für menschliche Beziehungen, Steven Covey, schreibt in seinem Bestseller »Seven Habits of Highly Effective People« (Sieben Verhaltensweisen äußerst erfolgreicher Menschen): »Wenn andere Personen sprechen, ›hören‹ wir im Allgemeinen nur auf einer von vier Ebenen. Es kann sogar sein, dass wir den andern einfach *ignorieren* und überhaupt nicht zuhören.
Wir können *vorgeben*, zuzuhören. ›Tjaa. Mhhhhm. Stimmt.‹
Wir können *selektives Zuhören* praktizieren, indem wir nur gewisse Teile des Gesprächs aufnehmen. So machen wir es oft, wenn wir dem beständigen Plappern eines Vorschulkindes ausgesetzt sind.
Wir können aber auch *aufmerksam zuhören*, indem wir beachten, was gesagt wird, und uns darauf konzentrieren. Doch nur wenige praktizieren das Zuhören auf der vierten und höchsten Ebene, die es gibt: das *empathische, einfühlsame Zuhören.*«

Man kann zuhören, indem man eine Rückmeldung gibt, nicht unbedingt Bezug nehmend auf die Tatsache, die man vernommen hat, sondern im Hinblick auf das, was man glaubt, was der andere fühlt. Man kann z. B. sagen: »Was ich da herausgehört habe, ist …« Oder: »Ich denke, dass Sie so und so fühlen …«

Salomo sagte: »Wer antwortet, ehe er hört, dem ist's Torheit und Schande« (Spr 18, 13).

Denkt darüber nach. Es gibt vier Barrieren, die das empathische Zuhören verhindern:

1. eine Sache bewerten;
2. gründlich sondieren wollen – herumstochern und das Gespräch mit Gewalt in die Richtung lenken, die ihr anstrebt;
3. Empfehlungen geben;
4. eine Sache interpretieren.

- Betet zusammen. Betet füreinander. Betet allein. Weil das Gebet Intimität mit Gott bedeutet, steigert es eure gegenseitige Intimität. Ich bin davon überzeugt, dass das einer der Gründe ist, weshalb Männer Probleme damit haben, laut mit ihren Frauen zu beten. Es weckt in ihnen das Gefühl, als ob sie sich emotional ausziehen. Es macht sie verwundbar. Sie kommen sich in unguter Weise nackt vor.

  Dr. Bernie Zibergeld gibt dazu folgenden Kommentar: »Einer der Hauptfaktoren im Zustandekommen des männlichen Klischees in unserer Gesellschaft ist: Männer haben keine Zweifel, keine Fragen und sind in keiner Weise verwirrt im Hinblick auf Sexualität. Der richtige Mann weiß, wie man guten Geschlechtsverkehr haben kann und praktiziert ihn oft. Wenn ein Mann eine Frage in dem Bereich stellen und damit seine Unkenntnis offenbaren, oder eine Sorge äußern oder zugeben würde, ein Problem zu haben, riskierte er damit, als Mann nicht mehr für voll genommen zu werden.«
- Kein Mensch ist vollkommen, wenn es um intime Beziehung und Sex geht. Das Schlimmste, was ihr machen könnt, ist deshalb, euch hinter eurer Unwissenheit zu verstecken und niemals um Hilfe zu bitten. Wenn es nötig ist, *nehmt Hilfe in Anspruch*. Es gibt

eine Menge guter Bücher und viele gute und geistlich orientierte Helfer, die darauf warten, euch helfen zu können.

- Ihr braucht auch die Korrektur anderer Menschen – David durch andere junge Männer und Jill durch andere Frauen.
- Erlaubt euch nicht, in Situationen zu kommen, die eure moralischen Überzeugungen aufs Spiel setzen. Hier gilt, was Doug Murren über Perspektiven sagte: ein kleiner moralischer Kompromiss von heute kann euer späteres Leben zerstören.

Ausblick …
Wie man David dazu bekommt, das Geschirr zu spülen …

4.
Warum verstehen wir uns nicht?

Geschlechtsspezifische Klischees,
Mythen von der Ehe
und unüberbrückbare Differenzen

»Rassismus ist endemisch.«

Warren Stewart, Pastor der First Institutional Baptist Church im Stadtgebiet von Phoenix und der einflussreichste Afro-Amerikaner in unserem Staat, tat mir gegenüber diesen Ausspruch, als wir im Geschäftsviertel von Phoenix vor einem Teller mit dampfenden Enchiladas saßen.

Ich hatte zu dem Lunch gebeten, weil ich gerne diesen Mann kennen lernen wollte. Er war der Redner bei dem hart umkämpften offiziellen Martin-Luther-King-Gedenktag hier in Arizona. Als eine zutiefst geistlich geprägte Persönlichkeit hatte er sich auch an den überwiegend von Weißen durchgeführten »pro-life«-(Antiabtreibungs-) Demonstrationen beteiligt. Er wies mich darauf hin, dass das für den Führer einer Gemeinde von Schwarzen ungewöhnlich sei.

Für ihn sind Bürgerrechte und die Rechte der Ungeborenen zusammengehörige Belange. Im Wesentlichen sind sie Teil des gleichen Problems.

Das Problem ist endemisch – daran liegt es.

»Was bedeutet das Wort?«, werdet ihr fragen. (Wenn es euch tröstet im Hinblick auf euer Unwissen: ich selbst habe niemals darüber nachgedacht, bis ich beim Lunch mit Warren Stewart zusammensaß.)

Als Pastor Stewart sagte – ohne das geringste Zeichen von Bitterkeit – »Rassimus ist endemisch«, wollte er damit sagen, dass der Rassismus zutiefst in der menschlichen Veranlagung verwurzelt ist. Er steckt im Herzen eines *jeden* Menschen.

Habt ihr schon mal verächtliche Bemerkungen gehört im Hinblick auf eine andere Rasse? Oder einen abfälligen Scherz über die Polen? Oder über die Mexikaner? Die Juden?

Ich will euch etwas nennen, was ebenfalls im Herzen jedes Menschen steckt: Sexismus. Habt ihr schon mal einen Witz über die doofen Blondinen gehört? Oder über Frauen am Steuer? Ich habe ein ganzes Buch mit blöden Männerwitzen. Manche sind ja tatsächlich lustig, aber viele kommen mir völlig sinnlos vor. Ich frage mich, ob sie für Frauen eine Bedeutung haben.

Gerade wie es rassische Klischees gibt, die vor Missverständnissen, Bösem und Feindschaft nur so strotzen, so gibt es geschlechtsspezifische Mythen und Klischees der Ehe. Die Annahme, dass Menschen mit besonderer Hautfarbe immer »so und so« sind und niemals anders, oder dass Männer und Frauen gewisse Dinge tun oder nicht tun oder sich auf bestimmte Weise verhalten oder nicht verhalten, ist ein Symptom einer Krankheit der Seele, ein bösartiges Melanom des menschlichen Herzens.

Gott hat Männer und Frauen absichtlich unterschiedlich geschaffen – *er schuf die Menschen verschieden* –, damit sie in einer voneinander abhängigen Partnerschaft leben. Jede Schneeflocke ist einzigartig, jeder Fingerabdruck anders als der andere. Die wundervolle Schönheit der Schöpfung Gottes liegt in der angesammelten Harmonie unendlicher Vielfalt. Das ist Himmel!

Aber auf der Erde gibt es keinen Himmel, weil in unseren Herzen die Hölle wohnt.

Das ist so, weil es so viel Lüge gibt und weil wir uns alle als Opfer vorkommen. Darum sind unsere Beziehungen so flach und schwierig und darum tun die Menschen sich gegenseitig solche heimtückischen Dinge an.

Und darum enden so viele Ehen in der Scheidung.

Unplugged

Wahrscheinlich habt ihr von Alvin Toffler gehört. Vor mehr als fünfundzwanzig Jahren schrieb er seinen Klassiker »Future Shock« (»Zukunftsschock«) – über das Thema: wohin sich unsere Welt entwickelt. Es war ein Buch über Trends, das eine Welle von Büchern über Trends auslöste.

Toffler ist derjenige, der uns zuerst als »Wegwerf-Gesellschaft« bezeichnete. Und er hat nicht nur davon gesprochen, wie Styropor-Verpackungen eine ökologische Krise heraufbeschwören könnten. Indem er einen verborgenen Effekt der Verstädterung aufdeckte, beschrieb Toffler, wie wir inzwischen Menschen wegwerfen wie gebrauchte Haushaltgeräte. Er prägte sogar einen Ausdruck dafür: »Modulare Beziehungen«, wo wir – wie das Stromkabel bei einer Trockenhaube – auch bei Menschen aus rein zweckmäßigen Gründen den Stecker in die Steckdose schieben oder rausziehen.

Mir fällt eine persönliche Erfahrung mit einem Verkäufer elektronischer Geräte bei Montgomery Ward ein. Vor ein paar Jahren kaufte ich dort eine Stereoanlage, die als Ausstellungsstück im Geschäft vorhanden war. Es gab Schwierigkeiten, alle dazugehörigen Papiere zu bekommen. Der Verkäufer versicherte mir, dass er sich darum kümmern würde. Doch dann verging eine Woche und auch die zweite – und ich hörte nichts.

Ich rief in der Firma an und hinterließ eine Nachricht.

Wieder nichts.

Nach einigen weiteren erfolglosen Versuchen, den Mann zu erreichen, wurde ich ärgerlich. (Könnt ihr euch das vorstellen, David und Jill? Ich ärgerlich?) Ich fragte nach dem Vorgesetzten und machte mir Luft. Ihr wisst, manchmal bringen wir solche kleinen Dinge vor, als ob sie das Schlimmste wären, das uns jemals passiert ist.

»Was wollen Sie nun unternehmen, um die Sache in Ordnung zu bringen?«, fragte ich fordernd.

»Ich werde mich sofort darum kümmern, mein Herr. Es tut mir auch Leid, dass unser Angestellter Ihre Anrufe nicht beantwortet hat. Er befindet sich zur Zeit nicht hier in der Stadt. Seine Mutter liegt im Sterben.«

»Sela!« (Alttestamentliches Wort, das wiederholt in den Psalmen vorkommt. Es bedeutet so viel wie: »Halt ein, und denk eine Weile darüber nach«.)

»Danke«, sagte ich mit einer sanften Stimme. »Es tut mir schrecklich Leid, das zu hören.«

Ich schluckte schwer, als ich den Hörer auflegte. Ich hatte mich über einen Mann aufgeregt, der sein Versprechen, mir zu helfen, nicht eingehalten hatte (so dachte ich). Die Möglichkeit, dass er sich in einer persönlichen Notlage befand, war in meinem auf zweckmäßige Funktionen beschränkten Verstand gar nicht aufgetaucht. Alles, was mir am Herzen lag, war eine prompte und höfliche Bedienung. Er war ja *nur* ein Verkäufer, oder? Darüber hinaus hatte er keinen Wert als menschliches Wesen. Das war eine *»Modular-Beziehung«* gewesen im Gegensatz zu einer »totalen Beziehung« – auch ein Ausdruck von Toffler.

Was wir nicht erkennen, ist, dass diese Mentalität der »Modular-Beziehung« *alle* unsere Beziehungen beeinflusst, einschließlich der wichtigsten, die wir haben: zum Ehepartner, zur Familie und zu unseren besten Freunden.

Alte, abgenutzte Beziehungen in Zahlung geben

Vor Jahren gab ich unseren alten schwarzen Van in Zahlung, jenen, mit dem wir an der Ostküste waren, zu einem Familienurlaub – als ihr Kinder noch klein gewesen seid. Wir haben immer noch wunderbare Erinnerungen an jene Reise: die Niagara-Fälle, Gettysburg und Washington D.C. Du, David, und deine kleine Schwester Shari, schlugt euch mit euren riesigen wirbelnden Saugscheiben, die wir als Andenken gekauft hatten. Erinnert ihr euch? Deine Scheibe ging kaputt, ihre nicht.

Als ich den alten Van ausräumte und die letzten persönlichen Dinge herausnahm, hielt ich einen Augenblick inne. Ich stand im Hinterhof des Autohändlers und warf einen letzten wehmütigen

Blick auf unser Familienvehikel. Und dann, von plötzlicher Erregung gepackt, schlüpfte ich hinter das Steuer meines neuen Autos und fuhr weg.

Ich weiß, das klingt schmalzig. Aber ich möchte daran etwas demonstrieren. Mir kam plötzlich der Gedanke: so empfinden die Menschen im Hinblick auf ihre Beziehungen. Im Hinblick auf Scheidung. Im Hinblick auf zweite und dritte Ehen. Wir ertränken unseren Schmerz in einem falschen Gefühl von Freiheit – oder indem wir uns in eine brandneue Beziehung stürzen.

Ich bin allerdings nicht unsensibel gegenüber dem, was eine Scheidung für Menschen bedeutet. Sie ist gewiss nicht so einfach wie das Verkaufen eines alten Autos. Es ist mehr, als wenn man sein neues »Mustang«-Cabrio zu Schrott fährt und selbst in der Intensivstation eines Krankenhauses landet. Es ist einfach schrecklich. Trotzdem gibt es unheimliche Ähnlichkeiten, weil es so leicht geworden ist, einfach eine Beziehung zu anderen abzubrechen, selbst unsere *engste* Beziehung. Ich bin dabei gewesen, mir ist das einfach passiert. Ich bin betrogen worden.

Beziehungen, bei denen man so leicht hinein und wieder hinaus kann, sind ein kulturelles Krebsgeschwür. Jeder trägt es in sich, und es bringt uns um, aber keiner weiß, dass wir es haben. Darum stöhnte Rodney King, der während der Unruhen in Los Angeles von der Polizei verprügelt worden war, im nationalen Fernsehen ungläubig – mit dem flammenden orangeroten Nachthimmel hinter sich:

»Warum können wir nicht miteinander auskommen??!«

Warum schaffen wir es nicht, miteinander auszukommen?

Ich möchte eine einfache Antwort darauf geben: *wegen der Sünde. Sünde ist eine eingewurzelte Sache.*

Psychologen und Soziologen mögen Einwände gegen diese altmodische Vorstellung haben, dass die Menschen von Natur aus sündig sind. Aber niemand bezweifelt unseren nationalen Verfall, oder dass wir in einem Meer moralischer Fäulnis dahintreiben, oder dass die Menschen zutiefst egoistisch und beziehungsgestört sind.

Vielleicht bin ich ein Einfaltspinsel, aber für mich ist »Sünde« genau der biblische und theologische Ausdruck für die Klemme und den Schmutz, in denen wir uns befinden. Erst vor einigen Wochen erschien gerade rechtzeitig ein Leitartikel in der »Arizona Republic« darüber, wie in Amerika ein Kult des Individualismus hochgekommen ist. Der Artikel griff ein Thema erneut auf, das mir schon vor einigen Jahren in einem Artikel des Soziologen Robert Bellah begegnet war. Dieser sagte dort, dass er den Eindruck habe, dass das Erbe des Individualismus die Amerikaner an den Punkt gebracht hätte, zu denken, dass es so etwas wie ein gemeinsames Gutes nicht gäbe außer als Summe des individuellen Guten.

Bellah sagt weiter, dass die Summe unseres individuellen Guten ein gemeinsames Schlechtes hervorbringt, das unsere individuellen Befriedigungen aushöhlt, weil wir in einer so komplexen, voneinander abhängigen Welt leben.

Bellah, von der »University of California« in Berkeley (nicht gerade bekannt für seine bibeltreuen Professoren), und Autor des Bestsellers aus dem Jahr 1985 »Habits of the Heart«, sagte auf einem Treffen von Bischöfen der Episcopal Church, dass dieser Individualismus dazu tendiere, die Religion zu einer radikal subjektiven und privaten Angelegenheit zu machen.

Ihr wisst, was die Leute sagen: »Wir leben in einem freien Land.« Was sie wirklich damit meinen, ist: »Ich kann tun, was mir gefällt.« Die Haltung gab es früher schon: »Zu der Zeit war kein König in Israel; jeder tat, was ihn recht dünkte« (Ri 21,25).

Auf diese Weise werden die Rechte der Kriminellen als schwerwiegender angesehen als die der Opfer. Und wichtiger, so scheint es, als soziale Ordnung. Die Rechte der Schüler rangieren vor der Ordnung in den öffentlichen Schulen. Und die Rechte des Einzelnen werden wichtiger als Ehe und Familie.

Es ist ja ein freies Land.

Ich tue, was das Beste für mich ist

David und Jill, ihr habt wahrscheinlich die Leute schon sagen hören: »Ich tue, was das Beste für mich ist.« Meistens denken sie dabei an die Beendigung einer Beziehung. Nun, was das Beste für dich/euch ist, mag nicht immer das Beste für alle anderen Menschen in eurem Umfeld sein.

Was das Beste für Jesus gewesen wäre – nämlich im Himmel zu bleiben –, wäre entschieden nicht das Beste für uns alle gewesen. Aber er tat, was in Wirklichkeit das Beste war: er schob seine eigenen persönlichen Gefühle beiseite, und erlitt freiwillig einen teuflischen Tod – für euch und für mich: »Daran haben wir die Liebe erkannt, dass er sein Leben für uns gelassen hat; und wir sollen auch das Leben für die Brüder lassen« (1. Joh 3,16).

Aus dem Grunde fordert Paulus: »Ist nun bei euch Ermahnung in Christus, ist Trost der Liebe, ist Gemeinschaft des Geistes, ist herzliche Liebe und Barmherzigkeit, so macht meine Freude dadurch vollkommen, dass ihr eines Sinnes seid, gleiche Liebe habt, einmütig und einträchtig seid.

Tut nichts aus Eigennutz oder um eitler Ehre willen, sondern in Demut achte einer den andern höher als sich selbst, und ein jeder sehe nicht auf das Seine, sondern auch auf das, was dem andern dient. Seid so unter euch gesinnt, wie es auch der Gemeinschaft in Christus Jesus entspricht« (Phil 2,1-5).

Das ist das Evangelium. Es ist eine Botschaft, die so alt ist wie das Christentum selbst. Jesus musste wegen unseres Egoismus kommen. Die Sünde stand im Weg, wenn es um vorbehaltlose Beziehungen ging. Jesus kam, um die Konsequenzen unserer Sünde zu tragen, um die Macht der Sünde über uns zu zerstören, und um uns die Kraft zu geben, andern Menschen so zu begegnen, wie Gott es von Anfang an geplant hatte.

Ist Gott männlich oder weiblich?

Sünde ist endemisch.

Sünde ist die Wurzel des Rassismus.

Sünde ist die Wurzel des Geschlechterkampfes.

Sünde ist der Grund, warum wir uns nicht verstehen. Es ist die Perversion der Beziehung, wie Gott sie ursprünglich laut 1. Mose 1,27 geplant hatte:

»Und Gott schuf den Menschen zu seinem Bilde, zum Bilde Gottes schuf er ihn; und schuf sie als Mann und Frau.«

Diese kleine, gedichtähnliche Aussage nennen Theologen den »hebräischen Parallelismus«, in dem die Gedanken einer jeden parallelen Aussage miteinander verbunden werden. Hier in 1. Mose 1 bedeutet das, dass das Bild Gottes sowohl männlich als auch weiblich ist. *Beides!*

Mit anderen Worten: Mann und Frau gehören dazu – wir alle miteinander –, um Gott vollständig zu repräsentieren und zu erfahren. Es war niemals Gottes Absicht, einen Kult von Individualisten zu schaffen – kleine Tröpfchen der Menschheit, die isoliert in ihrem privaten Leben, von privaten Interessen erfüllt, dahinvegetieren – getrennt durch geschlechtliche und rassistische Feindseligkeiten.

Die Welt ist ein Organismus – ökologisch und sozial – wie ein Orchester, wo auch der kleinste Part zur Harmonie in einer kosmischen Symphonie beitragen soll. Alles war angelegt, um zueinander zu passen. Doch der Fluch der Sünde hat sich ausgewirkt, wie wenn man hundert verschiedene Puzzleteile auf einen Haufen wirft und sie durcheinander mischt.

Warum können wir sie dann nicht einfach zusammensetzen?

Warum können wir nicht miteinander auskommen?

Wir können es einfach nicht – ohne Jesus. Wenn ihr mitten in einem unerträglich verwirrenden Puzzle von unlösbaren Problemen steckt, gibt es nur eine Möglichkeit für euch: wendet euch an Jesus: »Denn er ist unser Friede, der aus beiden eines gemacht hat und den Zaun abgebrochen hat, der dazwischen war, nämlich *die Feindschaft*. Durch das Opfer seines Leibes hat er abgetan das Gesetz mit seinen

Geboten und Satzungen, damit er in sich selber aus den zweien einen neuen Menschen schaffe und Frieden mache und die beiden versöhne mit Gott in einem Leib durch das Kreuz« (Eph 2,14-16).

Unterschiede sind göttlichen Ursprungs, gottähnlich. Sie kommen direkt von Gott. Unterschiede anzuerkennen und wertzuschätzen, heißt Gott ehren. Doch weil Sünde eine Krankheit ist, die uns alle befällt, machen wir aus unserer Unterschiedlichkeit Kriegszonen.

Von Sünde bestimmte Feindschaft ist es, was ihr empfindet angesichts des nicht hilfsbereiten Verkäufers bei Montgomery Ward. Das ist es auch, was ihr fühlt beim Anblick des Typs auf der Autobahn, der euch zu langsam fährt. Sünde sind auch unsere Gedanken, die auftauchen, wenn wir eine andere Hautfarbe sehen. Das sind die bösen Dinge, David und Jill, die ihr einer am anderen häufiger entdecken werdet, als euch vermutlich lieb ist. Und darum können wir nicht miteinander auskommen.

Wie es möglich ist, miteinander auszukommen

Jesus hat unsere Feindschaft *durch sein Kreuz* zunichte gemacht, indem er die reale Möglichkeit des Friedens auf Erden und des guten Willens zu allen Menschen brachte. Jesus ist der »Fürst« des Friedens, um des Kreuzes willen können wir nun alle miteinander zurechtkommen: »Darum: Ist jemand in Christus, so ist er eine neue Kreatur; das Alte ist vergangen, siehe, Neues ist geworden. Aber das alles von Gott, der uns mit sich selber versöhnt hat durch Christus und uns das Amt gegeben, das die Versöhnung predigt. Denn Gott war in Christus und versöhnte die Welt mit sich selber *und rechnete ihnen ihre Sünden nicht zu*« (2. Kor 5,17-19).

Die Botschaft von der Versöhnung heißt, dass Gott uns unsere Sünde nicht zurechnet. Und ihr werdet schon erraten, David und Jill, das ist auch der einzige Weg, auf dem ihr beide miteinander versöhnt werden könnt, wenn ihr eure Schuld nicht gegenseitig anrechnet.

Jesus in mir gibt mir die Kraft, Unterschiede anzuerkennen und die Sünde des anderen gegen mich zu vergeben. Ich weiß, dass das manchmal *unmöglich* erscheint. Aber denkt darüber nach. Das Heilwerden unserer – durch die Sünde zerbrochenen – Beziehung zu Gott ist ebenfalls *unmöglich* ohne das vermittelnde Werk von Jesus am Kreuz. Christen glauben, dass das die wichtigste Lehre des Neuen Testamentes ist!

Was nicht so allgemein verstanden wird, ist, dass das Kreuz dazu bestimmt war, in zwei verschiedene Richtungen zu wirken: in der Vertikalen, um unsere unversöhnlichen Differenzen mit Gott zu heilen; und in der Horizontalen, um unsere unvereinbaren Unterschiede zwischen uns Menschen zu heilen. Das Kreuz *muss* zwischen uns und dem himmlischen Vater stehen, aber das Kreuz *muss* auch zwischen dir und mir stehen.

O ja, ich kann mit allen anderen auskommen, so lange wie sie mit mir auskommen. Wenn sie aber die Beziehung bis an den Rand des Erträglichen belasten, dann kann nur die tiefste Liebe von Christus, nur das Werk des Kreuzes in meinem Herzen die hoffnungslose Dunkelheit der Verletzung und des Schmerzes durchdringen. Ich habe dann nicht nur das Kreuz und die bedingungslose Vergebung Gottes für mich selbst nötig, sondern ich brauche auch das Werk des Kreuzes und die bedingungslose Vergebung in mir: »Alle Bitterkeit und Grimm und Zorn und Geschrei und Lästerung seien fern von euch samt aller Bosheit«. *Jede Form von Bosheit?* Super! »Seid aber untereinander freundlich und herzlich und vergebt einer dem andern, wie auch Gott euch vergeben hat in Christus« (Eph 4,31-32).

Gott schuf uns in gegenseitiger *Abhängigkeit* voneinander – wie die übrige Schöpfung auch. Die Sünde macht uns grausam *unabhängig* – wie es der Kerl ist, der den Wald anzündet oder die empfindliche Arizona-Wüste mit seinem riesigen Allrad-Monster-Truck zerpflügt. »Kein Mensch ist eine Insel«, schreibt David Watson. »Unser aller Leben ist miteinander verflochten, so dass, wer wir sind und alles, was wir tun, immer auch andere Menschen beeinflusst. Das Neue Testament kennt kein Einsiedler-Christentum.«

Mythen über die Ehe

Neben den geschlechtsspezifischen Klischees gibt es ebenso viele Mythen über die Ehe – das Leben verbiegende Lügen. Paulus schrieb an die Römer: »... sie, die Gottes Wahrheit in Lüge verkehrt ... haben ...« Paulus dachte nicht unbedingt an die Ehe, als er das schrieb, doch das Prinzip gilt auch hier. Wenn ihr die Wahrheit, wie Gott sie offenbart hat, ablehnt, steckt doch irgendetwas anderes dahinter. Ihr wisst, wie das ist, wenn man ein Kind erwischt, mit der Hand noch im Glas mit Süßigkeiten, das sich nun schnell etwas überlegen muss. Ganz schnell muss es jetzt gehen.

Als Mose mit den Zehn Geboten vom Berg Sinai herabkam, sah er bestürzt, dass die Israeliten in der Anbetung des goldenen Kalbes schwelgten. Als er seinen Stellvertreter, Aaron, fragte, was das Spektakel zu bedeuten habe, antwortete Aaron äußerst unschuldig: »Mein Herr lasse seinen Zorn nicht entbrennen. Du weißt, dass dies Volk böse ist.« (Es ist nicht meine Schuld.) »Sie sprachen zu mir: Mache uns einen Gott, der vor uns hergehe ...« (Auch nicht mein Fehler.)

»Ich sprach zu ihnen: Wer Gold hat, der reiße es ab und gebe es mir. Und ich warf es ins Feuer; *daraus ist das Kalb geworden*« (2. Mose 32,21-24).

Ich frage mich, wie *das* vor sich gegangen sein soll.

Da hat doch irgendetwas dahinter gesteckt. Da ist doch die Wahrheit Gottes gegen eine Lüge eingetauscht worden.

Wie diese: »Und sie lebten glücklich bis an ihr Ende.«

Ich hörte einmal jemand sagen, dass dieser Satz: »Sie lebten glücklich bis an ihr Ende« einer der tragischsten Sätze in der gesamten Literatur ist. Tragisch, weil er nicht wahr ist. Es ist ein Mythos, der Generationen dazu verführt hat, etwas von der Ehe zu erwarten, was einfach unmöglich ist.

Doch jede Fernsehsendung, die wir uns anschauen, jeder Film zu diesem Thema bestätigt diese Lüge immer neu. Ein anderes Paar, Tim und Jill von »Home Improvement« löst die schwierigsten Probleme des Lebens in gerade mal dreißig Minuten. Und sie tun das mit Humor und in gutem Stil.

Die Botschaft dieser Show heißt, dass das Leben sinnlos, aber letztlich alles auf humorvolle Weise o.k. ist.

Bill Pullman, der in »Independence Day« den Präsidenten der Vereinigten Staaten spielt, rettet die ganze Welt *in ein paar Stunden* vor einer Mega-Invasion. Und sein Kummer um seine tote Frau dauert nur wenige Minuten und wird dann fortgespült im Rausch seines kosmischen Sieges. Ich denke, ein Mann tut, was er tun muss.

Jede Show, *jeder* Film ist ein gewonnener Kampf gegen die Welt. Darum mögen wir sie. Tief in unserm Innern wünschen wir uns, dass das Leben so wäre. Aber das ist eine Lüge. Unterhaltung? Das kann man wohl sagen. Gibt es da irgendetwas Realistisches zu der Frage, wie man reale Probleme löst? Nicht gerade viel.

In seinem großartigen Buch »Saving Your Marriage Before it Starts« widmet das Autoren-Ehepaar Les und Leslie Parrott ein ganzes Kapitel – ihr erstes Kapitel – dem Bemühen, die Mythen, die es über die Ehe gibt, mit der Wahrheit zu konfrontieren.

Der Glaube an eine »immer nur glückliche Ehe«, so schreiben sie, »ist einer der am starrsten festgehaltenen und destruktivsten Mythen von der Ehe. Aber das ist nur die Spitze des Eisbergs im Hinblick auf diese unrealistischen Vorstellungen. Jede schwierige Ehe ist belastet von einer Unsumme von Missverständnissen darüber, wie eine Ehe sein sollte.«

Die Parrotts führen vier weit verbreitete Mythen an:

- Wir erwarten beide genau dasselbe von der Ehe.
- Alles Gute in unserer Beziehung wird noch besser werden.
- Alles Negative in meinem Leben wird auf die Dauer verschwinden.
- Mein Partner wird mich vervollkommnen.

»Saving Your Marriage« enthält auch eine Liste von unausgesprochenen Regeln, die wir hier und da aufgreifen. Obwohl diese »Verhaltens-Codes« an sich weder schädlich noch sündig sind, können sie zu einer Quelle der Spannung und der ehelichen Missstimmung werden, wenn nicht offen darüber gesprochen wird.

Beispiele:
- Bitte nicht um Hilfe, solange du nicht wirklich verzweifelt bist.
- Spiele deine eigenen Erfolge herunter.
- Sprich niemals in der Öffentlichkeit von Geld.
- Verlange niemals Aufmerksamkeit für dich selbst.
- Biete deine Hilfe nicht von dir aus an.
- Arbeite nicht zu lange und nicht zu schwer.
- Werde nicht krank.
- Sprich niemals mit erhobener Stimme
- Sprich nicht über deinen Körper.
- Räume die Küche auf, bevor du ins Bett gehst.
- Sprich nicht über deine Gefühle.
- Fahre nicht zu schnell mit dem Auto.
- Kaufe nie einen Nachtisch in einem Restaurant.
- Sei nicht allzu ernst.
- Kaufe keine teuren Geschenke.

Fallen euch Regeln in eurer eigenen Beziehung ein, David und Jill?

Unbewusste Regeln haben einen engen Bezug zu unbewussten Rollen, wie: Männer sollten dies tun und Frauen sollten das tun. Die Parrotts führen eine Reihe der häufigsten Rollen an, die Ehemänner und Ehefrauen spielen:
- der Planer,
- der die Richtung angibt,
- der Einkäufer,
- der Geheimniskrämer,
- der Koch,
- der Komödiant,
- der Geschenkekäufer,
- der Putzteufel.

»Wenn ihr so seid wie die meisten Paare«, stellen die Parrotts fest, »werdet ihr versuchen, einem Skript zu folgen, das von den Rollen-Modellen geschrieben wurde, mit denen ihr aufgewachsen seid. Auf diese natürliche Neigung zu achten, ist oft das Einzige, was nötig ist, um euch vor einem enttäuschenden Drama zu bewahren. Wenn ihr euch der Rollen bewusst seid, zu denen ihr tendiert, könnt ihr miteinander darüber reden, wie ihr gemeinsam ein neues Skript schreibt.«

Höchste Liebe ist unabhängig vom Geschlecht

Ich gebe zu, dass es Unterschiede zwischen Männern und Frauen gibt. Ein Bestseller auf dem Gebiet ist auch »His Needs, Her Needs«, das wir zur Zeit als empfohlene Lektüre bei unserer Eheberatung benutzen. Ein anderes, häufig gekauftes Buch »Männer sind vom Mars, Frauen von der Venus« ist vor allem außerhalb christlicher Kreise sehr bekannt. Aber letzten Endes wird die Liebe als die zusammenhaltende Kraft in eurer Familie immer Rollen und Regeln hinter sich lassen.

Die Bibel gibt eine Regel für die christliche Familie an: »Denn der Mann ist das Haupt der Frau, wie auch Christus das Haupt der Gemeinde ist« (Eph 5,23). Doch ich bin zu dem Ergebnis gekommen, dass aufopfernde Liebe und gegenseitige Unterordnung des einen unter den anderen ein noch höheres Prinzip ist. Aber was ist dann mit 1. Petrus 3,1.5.6: »Desgleichen sollt ihr Frauen euch euren Männern unterordnen ... Denn so haben sich vorzeiten auch die heiligen Frauen geschmückt, die ihre Hoffnung auf Gott setzten und sich ihren Männern unterordneten, wie Sara Abraham gehorsam war und ihn Herr nannte.«

Was denkst du darüber, Jill? Ist es »biblisch«, David »Herr« zu nennen?

Hallo, Jill. Bist du noch da?

Lass mich dir helfen. Tatsächlich ist das wichtigste Wort dieser Stelle nicht »unterordnen«, sondern »desgleichen«. In gleicher Weise wie? Schauen wir zurück auf 1. Petrus 2,21-23: in gleicher Weise wie Jesus: »Denn dazu seid ihr berufen, da auch Christus gelitten hat für euch und euch ein Vorbild hinterlassen hat, dass ihr sollt nachfolgen seinen Fußstapfen ... der nicht widerschmähte, als er geschmäht wurde, nicht drohte, als er litt, er stellte es aber dem anheim, der gerecht richtet.«

In diesem Textzusammenhang ordnet Petrus an: »*Desgleichen* sollt ihr Frauen euch euren Männern unterordnen« – in gleicher Weise wie Jesus sich Gott unterordnete, als er die schwierigen Umstände seines Lebens bewältigen musste. Und damit man ihn nicht für einen Chauvinisten hielt, fügte Petrus später hinzu: »*Desgleichen*, ihr Männer, wohnt vernünftig mit ihnen zusammen und gebt dem weiblichen Geschlecht als dem schwächeren seine Ehre« (1. Petr 3,7).

Diese Bibelstelle betrifft also nicht hauptsächlich die Unterordnung der Frauen unter die Männer, sondern *jedermann* soll so leben *wie* Jesus. Einer meiner geistlichen Vorbilder, Doug Murren, schreibt in seinem Buch *»Is It Real When It Doesn't Work«* (Stimmt das, wenn es nicht klappt?): »Christen lieben ohne Beherrschung. Unterwerfung ist hier nicht im Sinn von beherrschen gebraucht. Unterwerfung ist ein sensibler Prozess unseres Zuhörens, Aufmerkens und Respektierens des anderen.«

Machst du dir Gedanken darüber, wer das Geschirr abwäscht? Ist das eine Aufgabe der Frau oder des Mannes? Spielt das eigentlich eine Rolle? Spielt es für Gott eine Rolle?

Ich glaube nicht.

Gott kümmert sich nicht darum, wer das Geschirr spült. Oder wer das Auto wäscht oder repariert. Oder wer die Kreditkartenkonten überwacht. Oder sogar darum, wer überhaupt verantwortlich ist.

Gott, unser Vater, schaut nur nach dem Beweis aus, ob sein Sohn in unseren Häusern, unseren Herzen und in unserer Lebenseinstellung zu finden ist. *Gott ist nicht wirklich daran interessiert, wer Recht hat. Er ist daran interessiert, wer die richtige Einstellung und das rechte Verhalten hat.*

David und Jill, könnt ihr beide euch einander unterordnen aus Ehrfurcht vor Christus, der der Herr eurer Ehe ist?

»Eins«, aber nicht gleichartig

Die Ehe ist ein Mikrokosmos in einem Ökosystem der gegenseitigen Abhängigkeit, ein kleiner Planet voll feurigen Lebens in einem Sonnensystem von miteinander verbundener Unterschiedlichkeit. In

1. Korinther 12 benutzt Paulus das Bild vom Leib Christi, um das Prinzip der gegenseitigen Abhängigkeit deutlich zu machen. Ich habe fünf wichtige Lektionen in dieser Passage erkannt.

Erstens: Individualität und Gemeinschaft werden in Gottes Plan als gleichwertig angesehen: »Denn wie der Leib einer ist und doch viele Glieder hat, alle Glieder des Leibes aber, obwohl sie viele sind, doch ein Leib sind: so auch Christus« (1. Kor 12, 12).

In der amerikanischen Kultur schätzen wir gewöhnlich das Individuum auf Kosten der Gemeinschaft höher ein. In der früheren sowjetischen Kultur wurde die Gemeinschaft (der Staat) sehr hoch eingeschätzt und geschützt, das Individuum wurde im Notfall geopfert. In der Bibel stehen das Individuum und die Gemeinschaft in einer sinnvollen Spannung nebeneinander. Die Einzigartigkeit eines jeden Individuums bedeutet nichts ohne den Hintergrund der Gemeinschaft. Und die Gemeinschaft bedeutet nichts ohne die Summe der Unterschiedlichkeit aller Individuen!

Zweitens: Gottes Plan ist es, uns zu einem Organismus zusammenzufassen, ohne uns völlig gleich zu machen – ohne alle individuellen Unterschiede aufzugeben: »Denn wir sind durch *einen* Geist alle zu *einem* Leib getauft« (1. Kor 12, 13).

David und Jill, als ich euch zu Ehemann und Ehefrau erklärte, wurdet ihr eins im Geist, und in euren Flitterwochen wurdet ihr eins im Fleisch. *Eins*! Aber nicht *gleichartig*! Keiner hat mich beim anschließenden Empfang gefragt: »Wer ist nun die Braut und wer der Bräutigam? Sie sehen so völlig gleich aus!«

Als ihr geheiratet habt, David und Jill, ließ Gott euch eins werden, ohne das wegzunehmen, was jedem von euch als Besonderheit zu Eigen ist – und diese Unterschiede werden niemals verschwinden. Niemals! In gewisser Weise werden sie sogar noch mehr hervortreten!

Findet euch damit ab!

Drittens: Gott schuf uns mit voller Absicht unterschiedlich: »Denn auch der Leib ist nicht ein Glied, sondern viele. Wenn der ganze Leib Auge wäre, wo bliebe das Gehör? Wenn er ganz Gehör wäre, wo bliebe der Geruch?« (1. Kor 12, 14.17). Jeder Mensch ist einmalig, und die Einzigartigkeit jeder Person ist Gottes Geschenk an jeden anderen. Aus einer anderen Perspektive gesagt: Was wir am anderen nicht mögen (eventuell auch an unserm Partner?), ist ebenso ein Teil von Gottes Schöpfungsplan wie das, was wir am anderen lieben. Und das führt mich zu meiner *vierten* Beobachtung …

Viertens: Nichts in unserer Beziehung ist zufällig: »Nun aber hat Gott die Glieder eingesetzt, ein jedes von ihnen im Leib, so wie er gewollt hat« (1. Kor 12, 18). Das bedeutet, da bin ich ganz sicher, dass wir nichts in irgendeiner Beziehung als selbstverständlich ansehen können, weil auf irgendeine Weise Gott darin ist, im Guten und im Schlechten, im Segen und im Schmerz, *ob besser oder schlechter*, ob arm oder wohlhabend, gesund oder krank.

Keine Kontrolle über die angeheiratete Verwandtschaft

Denkt darüber nach. Habt ihr überhaupt irgendeine Kontrolle über die Beziehungen in eurem Leben? Ja, David und Jill, ihr hattet eine gewisse Macht, indem ihr euch gegenseitig gewählt habt. Ihr konntet entscheiden, ob ihr euch heiraten wolltet oder nicht. Aber Jill konnte sich die Familie ihres Mannes nicht aussuchen! Du wirst David sicherlich bewusst gewählt haben, Jill, aber um Davids gesamtes Beziehungsumfeld von Familie und Freunden wirst du dich wahrscheinlich weniger gekümmert haben.

Ihr könnt euch euren Arbeitsplatz wählen, aber die Mitarbeiter könnt ihr euch nicht aussuchen. Eines Tages werdet ihr euch Kinder wünschen. Ihr habt aber keinen Einfluss darauf, wie eure Kinder werden. Das liegt alles in der Hand Gottes! Er hat »die Glieder eingesetzt, ein jedes von ihnen im Leib, so wie er gewollt hat.«

Aber was ist mit den schrecklichen Dingen, die passieren, wie sexueller und anderer körperlicher Missbrauch? Nein, ich sage nicht, dass Gott all das verursacht hat. Aber Gott kann die schlimmsten Dinge, die geschehen, zum Guten werden lassen für die, die ihn lieben.

Wenn ihr das nicht glaubt, dann ist euer Christusglaube nur ein Glaube für Zeiten, in denen alles nach Wunsch läuft. Die Bibel verspricht: »Aber *in dem allen* (ja, *in allem*) überwinden wir weit durch den, der uns geliebt hat« (Röm 8, 37). Ja, »ich vermag *alles* durch den, der mich mächtig macht (Christus)« (Phil 4, 13).

Fünftens: Die Menschen, von denen wir glauben, dass wir sie am wenigsten brauchen, brauchen wir am nötigsten: »Das Auge kann nicht sagen zu der Hand: Ich brauche dich nicht; oder auch das Haupt zu den Füßen: Ich brauche euch nicht« (1. Kor 12, 21).

Nun denkt daran, dass Paulus hier nicht unbedingt eine Anatomievorlesung halten will. Er schreibt an Christen in der Gemeinde in Korinth, die beschämenderweise in miteinander streitende Parteien gespalten waren. Und wisst ihr, was die Leute sagten? »Diesen Menschen brauche ich nicht in meinem Leben.«

Ich habe das auch mal gesagt.

David, erinnerst du dich noch an mein persönliches »Höllenjahr«, 1987? Unsere Kirche brach fast auseinander vor lauter Missverständnissen und Verrat. »Ich will das in meinem Leben nicht haben«, sagte ich immer wieder.

Wenn ich jedoch jetzt zurückschaue, ergreift mich ein übernatürliches Empfinden von Dankbarkeit für das, was mir in jener Zeit begegnete. Ich bin für mich selbst zu dem Schluss gekommen, dass ich die Menschen, von denen ich glaubte, sie am meisten entbehren zu können, am meisten brauchte.

David und Jill, könnt ihr eure Unterschiedlichkeit *wertschätzen*? Ich habe nicht gesagt: »Könnt ihr die Unterschiede *tolerieren*?« Toleranz wäre auf politischer Ebene der angemessene Ausdruck. Leben und leben lassen, sagt man. Aber für gläubige Christen ist Toleranz nur ein Schatten der Liebe Gottes, in der man die Unterschiede schätzt und glaubt, dass irgendwie und auf irgendeine Weise Gott in allem zum Guten wirkt.

Der schmale Weg

Ich möchte dieses Kapitel mit einer Geschichte abschließen, die der bekannte christliche Schriftsteller Richard Foster erzählt: »The Little Way of Thérèse Lisieux« (Der schmale Weg der Thérèse Lisieux).

»Diese schlichte Frau«, so schreibt er, »bekannt nur als ›die kleine Blume‹, hat sich einen Zugang zum Leben ausgedacht, der von Gebeten erfüllt war und schon vielen Menschen geholfen hat. Dieser ›schmale (oder: unterste) Weg‹, wie sie ihn nannte, scheint nur sehr einfach zu sein. Kurz gesagt, bedeutet er, sich die schlechteste Arbeit auszusuchen, ungerechte Kritik anzunehmen, *sich mit denen anzufreunden, die uns ärgern*, denen zu helfen, die undankbar sind …

Ein Vorfall aus Thérèses Autobiographie ›The Story of a Soul‹ unterstreicht die Verborgenheit des ›schmalen Weges‹. Eine verzogene und eingebildete Schwester brachte es fertig, Thérèse bei allem, was sie tat, zu ärgern. Statt diese Person nun zu meiden, schlug sie den ›schmalen Weg‹ mitten in den Konflikt hinein ein: ›Ich beschloss, sie so zu behandeln, als ob ich sie über alles liebte.‹ Thérèse ging diesen Weg mit so viel Erfolg, dass diese Schwester nach ihrem Tod erklärte: ›Ich habe sie in ihrem Leben wirklich glücklich gemacht.‹«

David und Jill, ordnet euch einander unter aus Ehrfurcht Christus gegenüber und tut, was ihr könnt, um einander und anderen auf jede Weise an jedem Tag zu dienen. Äußerste Liebe ist größer und stärker als geschlechtsspezifische Klischees und unüberbrückbare Unterschiedlichkeiten.

Und im nächsten Kapitel:
Wie man in einer komplizierten Welt sichere Entscheidungen trifft.

5.
Was ist dran?

Wie man in einer komplizierten Welt sichere Entscheidungen trifft

David, erinnerst du dich noch daran, wie du dich dafür entschieden hast, die Biola-Universität zu besuchen?

Du hast dich an etwa fünf verschiedenen Colleges umgesehen – schließlich wolltest du keinen Fehler machen. Ja, sogar noch mehr, du wolltest wirklich deine Wahl nach dem Willen *Gottes* treffen.

Was war dran?

Wir sprachen über eine Reihe von Faktoren, aber schließlich halfen dir zwei Überlegungen, die endgültige Wahl zu treffen: erstens, Biola bot dir ein höher dotiertes Stipendium an als irgendein anderes College; und zweitens besuchte Jill bereits das Pacific Christian College, das nur dreizehn Kilometer von Biola entfernt war.

Ein großzügiges Stipendium und Jill! Also musste Biola der Wille Gottes für dein Leben sein!

Wenigstens schien es damals so, und fünf Jahre später stimmten wir dir alle zu, dass das die absolut richtige Entscheidung war, weil alles so gut verlief. Du hättest an keinem anderen College bessere vier Jahre haben können, und heute arbeitest du für Barna Research. Und diese Arbeit liebst du auch. Vielleicht wäre das alles nicht möglich gewesen, wenn du nicht das College in Südkalifornien besucht hättest. Oh ja, es war eine gute Entscheidung.

Und euer Entschluss, euch zu heiraten, schien auch sehr in Ordnung zu sein. Aber ich erinnere mich, dass ihr beide nach ein paar

Jahren des Miteinanderbekanntseins einige Zweifel hattet. Ihr wart reif genug, um euch darüber klar zu sein, dass lebenswichtige Entscheidungen ungeheure Auswirkungen haben – besonders der Entschluss zu heiraten.

Zu viele Wahlmöglichkeiten

Erinnert ihr euch daran, dass ich in der Kapelle in Biola zu den Studenten darüber sprach, Entscheidungen zu treffen? Ich begann meinen kleinen Vortrag, indem ich deiner Schwester Shari vor allen ihren Freunden einen Button überreichte, den ich in Australien bekommen hatte. Darauf stand zu lesen:

Ich war früher nicht entscheidungsfreudig, aber jetzt bin ich mir nicht so sicher.

Warum sind wir so wenig geneigt, Entscheidungen zu treffen? Warum sind Entscheidungen so schwierig? Und warum trifft man so leicht die falsche Entscheidung? Ich denke, dass es da mindestens drei Gründe dafür gibt.

1. Es gibt zu viele Wahlmöglichkeiten. Wir leben in einer Zeit der »Überangebote«, ein weiteres Wort, das wir in dem bekannten »Future Shock« Alvin Tofflers finden.

Überall begegnet man Beispielen dafür, wie z.B. beim Kabel-Fernsehen. Wie viele Kanäle brauchen wir eigentlich wirklich?

Oder die Videotheken. Wir sind zusammen dort gewesen. Wie in einem Nebel standen wir dort, betäubt von der riesigen Auswahl der Videos.

Nachdem mein Freund Max und ich vor einigen Monaten eine anstrengende Stunde vor dem Angebot von Blockbuster-Videos verbracht hatten, gaben wir schließlich unserer chronischen Unschlüssigkeit nach und fuhren ohne einen Film nach Hause.

Was ist dran?

Was soll man mit dem Internet tun? Wo soll man essen und was soll man essen, wenn man dorthin kommt? Wo soll man parken an dem Mega-Einkaufszentrum und was soll man dann kaufen?

Ihr wisst, dass ich in den vergangenen Jahren nicht allzu oft Lebensmittel eingekauft habe. Als Mutti mich also losschickte, um Brot zu besorgen, musste sie den Suchdienst bemühen, um mich zu finden und wieder nach Hause zu bringen. Ich hatte den Eindruck, der normale Gang im Laden, wo das Brot gestapelt ist, ist halb so lang wie ein Fußballfeld. (Bedaure, Jill, wegen des Fußballfeldes. Das ist eine Männersache.)

Und dann die Autos. Vor zwanzig Jahren zitierte Alvin Toffler eine Studie in Bezug auf Überangebote in der Autoindustrie. Jemand setzte sich zu Hause an seinen primitiven Computer und speicherte alle verfügbaren Variationen an Automobilen – Formen, Farben, Zubehör – in sein System ein.

Der Computer brummte und blinkte für ein paar Sekunden und offenbarte dann das überraschende Ergebnis: Amerikanische Kunden konnten zwischen über fünfundzwanzig Millionen verschiedener Autoausführungen wählen. Und das Aussuchen eines Autos ist noch verhältnismäßig leicht verglichen mit anderen Entscheidungen. Wir leben in einem Zeitalter des Überangebots.

2. Ein anderer Grund, warum es so schwer ist, gute Entscheidungen zu treffen, ist, nun, die Sünde. Mit Sünde meine ich nicht unbedingt die schlimmsten Dinge, die man sich vorstellen kann, sondern »handeln, wie ich es für richtig halte«. Salomo warnt: »Manchem scheint ein Weg recht; aber zuletzt bringt er ihn zum Tode« (Spr 14,12).

Es gibt eine Menge von Möglichkeiten, wie ich nach meinem Gutdünken entscheiden kann – *selbstsüchtig*.

Wenn ich nach meinen Gefühlen entscheide, nicht mit meinem Kopf.

Wenn ich in Eile oder Panik entscheide. Oder impulsiv. Oder so schnell wie ich kann, ohne innezuhalten und die Konsequenzen meiner Entscheidung zu bedenken.

Eigenwillig und ohne auf den Rat derer zu hören, die es wahrscheinlich besser wissen.

Völlig davon überzeugt, dass ich richtig handle, gegen den besten Rat anderer.

3. Keine zwei Entscheidungen sind genau die gleichen. Das heißt: es gibt nicht nur zu viele Wahlmöglichkeiten, sondern jede Wahl, jede

Entscheidung ist einmalig. David und Jill, die Entscheidungen, die ihr trefft, bewegen sich im Hinblick auf ihre Kategorie von einfach bis zu kompliziert, von moralisch über zweifelhaft moralisch bis zu unmoralisch.

M. Blaine Smith unterscheidet in seinem hervorragenden Buch »Knowing God's Will: Finding Guidance for Personal Decisions« (Gottes Willen erkennen) – ich kann es nur empfehlen – verschiedene Arten von Entscheidungen:

Erstens gibt es eindeutig moralische Entscheidungen. Dafür sind die Zehn Gebote ein Beispiel. Mit anderen Worten: ihr braucht gar nicht erst innezuhalten und darüber nachzudenken, was ihr tun sollt, wenn der Fall ganz klar als moralisch gerechtfertigt oder als unmoralisch einzuordnen ist.

Es gibt heute immer weniger Menschen, die von sich sagen, dass sie an eine absolute Wahrheit glauben. Habt ihr nicht bei der »Barna-Umfrage« festgestellt, dass inzwischen 70 % oder noch mehr es *nicht* mehr tun? Wir haben heute eine »Sandburgen-Kultur« der Ehen und Familien ohne moralische Werte.

Doch Christen sollten glauben, haben es nötig, zu glauben, dürfen glauben, dass manche Dinge einfach ganz klar richtig und andere eindeutig falsch sind. Gottes Gebote müssen Maßstab für jede unserer Entscheidungen sein: »Darum, wer diese meine Rede hört und tut sie«, so verkündigte Jesus, »der gleicht einem klugen Mann, der sein Haus auf Fels baute. Als nun ein Platzregen fiel und die Wasser kamen und die Winde wehten und stießen an das Haus, fiel es doch nicht ein; denn es war auf Fels gegründet. Und wer diese meine Rede hört und tut sie nicht, der gleicht einem törichten Mann, der sein Haus auf Sand baute. Als nun ein Platzregen fiel und die Wasser kamen und die Winde wehten und stießen an das Haus, da fiel es ein, und sein Fall war groß« (Mt 7,24-27).

Eine zweite Kategorie von Entscheidungen sind komplizierte moralische Entscheidungen. Es gibt Christen, die denken, dass *alle Dinge* eindeutig richtig oder falsch sind. Aber das solltet ihr wissen, David und Jill: *die meisten Entscheidungen im Leben sind nicht schwarz oder weiß, sondern grau.* Manche sind allerdings dunkelgrau.

Ein Beispiel dafür ist die Abtreibung.

Einen Augenblick bitte! Ist Abtreibung nicht eindeutig falsch?

Ja! Aber was ist im Fall von Inzest? Oder Vergewaltigung? Habt ihr eine einfache Antwort darauf?

Sollen Christen Militärdienst leisten und in den Krieg ziehen?

Sollen Christen vor Gericht gehen und Prozesse führen?

Ein ungewöhnliches Beispiel einer komplizierten moralischen Entscheidung finden wir in 2. Könige 5,9-19 im Bericht über den aussätzigen Naaman.

»Geh hin und wasche dich siebenmal im Jordan«, befahl der Prophet Elisa ihm.

Zuerst weigerte sich Naaman, später befolgte er das bessere Urteil seines Dieners – und wurde auf wunderbare Weise geheilt. Fast jeder, der eine Zeit lang zur Sonntagsschule gegangen ist, hat diese Geschichte gehört. Das Ende davon ist weniger bekannt: »Nur darin wolle der Herr deinem Knecht gnädig sein«, bekannte Naaman nun Elisa: »Wenn mein König in den Tempel Rimmons geht, um dort anzubeten, und er sich auf meinen Arm lehnt und ich auch anbete im Tempel Rimmons, dann möge der Herr deinem Knecht vergeben.« Er sprach zu ihm: »Zieh hin mit Frieden!«

Erstaunlich! Elisa gibt seinen Segen zur Verbeugung vor einem heidnischen Gott!

Tatsächlich, das ist mehr als erstaunliche Gnade. Elisa, der große Prophet Jahwes, des Gottes vom Berg Sinai, gestattet eine moralische Konzession – wenigstens scheint es so – in der ungewöhnlichen Situation Naamans.

Das ist eine dieser komplizierten moralischen Entscheidungen. Im Seminar, in der Regierung, in der Medizin geht es um solche komplizierten Entscheidungen. Man nennt es Ethik – eine sorgfältige Abwägung der Frage nach Recht und Unrecht, wenn es kein klares »richtig« oder »falsch« gibt. *Jede* komplizierte moralische Entscheidung ist genau das: *kompliziert.*

Und nun ... die schwierigste Art von Entscheidung

Drittens, manche Entscheidungen sind nicht moralischer Natur, aber sie sind dennoch kompliziert.

Deine Entscheidung für das College, David, ist ein Beispiel dafür. Ja natürlich, für dich war es eine ganz klare Sache, aber für deine Schwester war das schwieriger – und schmerzlich. Obwohl sie schließlich die Biola-Universität auch akzeptierte, hatte sie ein Angebot von einer anderen Schule, das sie eigentlich nicht ablehnen konnte. Nun, sie lehnte trotzdem ab, und der Prozess einer endgültigen Entscheidung war dann schwierig und vom Gefühl bestimmt.

M. Blaine Smith schreibt darüber sehr einsichtig: »Im Allgemeinen können solche Fragen nicht einfach dadurch gelöst werden, dass man ein moralisches Prinzip anführt. In den meisten Fällen bleibt uns ein gewisser Spielraum der freien Entscheidung ... Das ist der Bereich der Entscheidungen, der uns gewöhnlich die meisten Schwierigkeiten bereitet, und wo wir am häufigsten im Unklaren über den Willen Gottes sind.«

Versteht ihr, warum er zu dieser Schlussfolgerung kommt? Begreift ihr, was diese Aussage alles umfasst? Er sagt im Klartext, dass einige der wichtigsten Entscheidungen des Lebens, wie: wo zu studieren, wo zu leben, wo zu arbeiten, und selbst wen zu heiraten, nicht einfach ganz exakt im Willen Gottes oder außerhalb von ihm angesiedelt werden können – weil es dabei um Entscheidungen geht, die vom Wesen her amoralisch sind.

Es gibt z. B. keinen Vers in der Bibel, der euch sagt, dass es für euch richtig ist, in Kalifornien zu leben und zu arbeiten oder dass es falsch wäre, in Arizona zu leben und zu arbeiten. Nicht jede Entscheidung ist eine geistliche oder ungeistliche.

Viele Entscheidungen sind kompliziert, weil *das Leben kompliziert ist.*

Viertens treffen wir die große Mehrheit aller Entscheidungen ohne zu zögern. Es gibt keine moralischen Überlegungen dabei.

Was wir zum Mittagessen kochen oder ob wir zum Essen ausgehen oder nicht, was wir uns im Restaurant aussuchen oder was wir an einem freien Tag machen, sind Beispiele dafür. Nach einer Studie von Dr. Erich Klinger von der Universität Minnesota trifft jeder von uns – ich weiß, dass das kaum glaubhaft klingt – *jeden Tag* zwischen dreihundert und siebentausend Entscheidungen. Die meisten davon gehen ohne Überlegungen vor sich, es sind keine moralischen Entscheidungen.

Genug von den verschiedenen Arten von Entscheidungen. Welchen Rat könnte man geben, wie man nun gute Entscheidungen trifft? Ich habe eine persönliche Liste von fünf Dingen zusammengestellt, die man wissen muss, wenn man komplizierte Entscheidungen zu treffen hat. David und Jill, ich schlage euch sogar vor, diese Liste von Zeit zu Zeit als Kontrolle zu benutzen, wenn ihr mit den weitreichenderen Entscheidungen eures Lebens konfrontiert werdet.

ERSTENS – und das sollte inzwischen klar sein! – *trefft niemals, wirklich niemals eine eindeutig unmoralische Entscheidung.* David erklärt in Psalm 119, 105: »Dein Wort ist meines Fußes Leuchte und ein Licht auf meinem Wege.«

In moralischen Fragen gibt es nur eine einzige richtige Wahl: Gehorsam gegen Gottes Wort, ohne Rücksicht auf die Konsequenzen. Und es gibt auch nur einen Weg, um Entscheidungen zu treffen, nämlich mit einem von Gottes Geist erfüllten Herzen. Haddon Robinson schreibt: »Wir sollen in Liebe und Güte handeln. Wir wollen glaubwürdig, treu und großzügig sein. Und wir sollen aus lauteren Motiven heraus handeln.«

Was ist Gottes Wille für unser Leben?

David und Jill, ich kann euch gar nicht sagen, wie oft ich gebeten worden bin, für andere um das Erkennen des Willens Gottes zu beten – wobei es gewöhnlich um eine Beziehung, einen Arbeitsplatz oder einen Ortswechsel ging. Doch beim Willen Gottes geht es *vorrangig* darum, wer ihr *seid* und *wie ihr das tut*, was ihr tut, und erst *in zweiter Linie* darum, *was* ihr tut. Auch Paulus glaubt das: »Seht zu, dass keiner dem andern Böses mit Bösem vergelte, sondern jagt allezeit dem Guten nach untereinander und gegen jedermann. Seid allezeit fröhlich, betet ohne Unterlass, seid dankbar in allen Dingen; denn das ist der Wille Gottes in Christus Jesus an euch« (1. Thess 5,15-18).

Manchmal denke ich, wenn die Menschen sagen, dass sie Gottes Willen erkennen möchten im Hinblick auf eine Beziehung, einen Arbeitsplatz oder einen Ortswechsel: was sie wirklich meinen, ist, dass sie ja keine »falsche« Entscheidung treffen wollen, eine, die sie eines Tages bedauern würden – eine Entscheidung, die sie irgendwie unglücklich machen würde. Wir sorgen uns mehr um unsere *Zukunft* als um unsere *geistliche Ausrichtung.*

Ich weiß, dass das gegensätzliche Ansichten zu den üblichen christlichen Meinungsäußerungen sind, aber was uns so bewegt, spielt für Gott vielleicht keine große Rolle. Ich bin tatsächlich davon überzeugt, dass Gott uns viel mehr Spielraum bei unseren Entscheidungen gibt, als wir uns selbst zubilligen, und das führt mich zu meinem zweiten Grundsatz ...

Zweitens: liebe Gott und dann tu, was du willst (Augustinus). Ich weiß, dass ich jetzt ein heikles Thema nach dem anderen anschneide, aber *nicht alles im Leben ist vorherbestimmt.*

Ja, natürlich, Gott hat einen Plan für mich und auch für euch. Aber sein Plan bezieht sich mehr auf mein inneres Leben und wie ich anderen diene, als darauf, ob ich ein Arzt oder ein Krankenpfleger bin, ein Pastor oder ein Klempner.

Gott führt uns, aber viele unserer Entscheidungen beziehen sich auf die äußere Gestaltung unseres Lebens und des Lebens anderer. Worum Gott sich kümmert, ist, wie wir uns auf unserem Lebensweg verhalten. Man kann es auch anders ausdrücken: Gott ist am Prozess ebenso sehr interessiert wie am Ziel. Wir *gehen* nicht einfach irgendwohin, wir *entwickeln* uns irgendwohin. Das Leben ist nicht eine Serie von sorgfältig eingereihten, vorherbestimmten Ereignissen, sondern das Entfalten einer Beziehung zu Gott in unseren Herzen.

»Schiffe versenken« mit Gott spielen

Für viele Christen bedeutet das Beten und Finden des Willens Gottes so etwas wie das Spiel »Schiffe versenken!« David, du weißt, wie das gespielt wird, aber ich muss es nun für alle anderen, die unsere persönliche Korrespondenz lesen, erklären: zwei Spieler zeichnen die Position ihrer Schiffe auf einem Karo-Papier ein, auf dem die senkrechten Säulen Zahlen tragen und die waagerechten Buchstaben. Der Sinn des Spiels besteht darin, dass man die Positionen des Gegners herausfindet, indem man Quadrate auf dem Karo-Papier aufruft, wie z. B. A-12 oder C-5.

Und auf diese Weise versuchen wir auch, Gottes Willen herauszubekommen.

Ich beginne: »O.K., Gott, lass es uns versuchen ... B-11.«

»Nichts!«, tönt eine laute Stimme vom Himmel.

»Oh ... D-4.«

»Wieder nichts.«

»O.K., wie ist es mit E-1?«

»Ahh, beinahe. Ich hatte mein Schiff dort vor einer Minute, aber du weißt, ich bin Gott. Ich lasse meine Schiffe herumfahren.«

Grrrrr! Ja, murre ich im tiefsten Herzen. »Gut, also dann, vielleicht (›vielleicht‹ heißt, mein Glaube wird schwach) ... E-2.«

Stille.

»Gott, ich sagte E-2.«

Immer noch Schweigen.

Jetzt bin ich wirklich frustriert: »Gott, vielleicht sollten wir es morgen noch mal versuchen.«

Niemand ist so naiv zu denken, dass Beten wie »Schiffe versenken« ist, aber eine Menge Christen glauben, dass man so den Willen Gottes herausfinden kann. Sie halten alles für bis ins Kleinste vorherbestimmt und sehen ihr Ziel darin, herauszufinden, was Gott geplant hat.

Also suchen wir.

Wir wissen natürlich, dass wir nur *glücklich* werden können (da taucht das Wort wieder auf), wenn wir wirklich genau das tun, was Gott will.

Das Problem ist nur, wenn er genau dies oder jenes will, warum sagt er es uns dann nicht einfach?

Die Antwort lautet – und damit zurück zu meinem Hauptanliegen –: weil Gott uns ein großes Maß an Wahlfreiheit zubilligt.

Gott ist nicht dumm – aber wir sind es

Stell dir vor, David, wenn wir dich so erzogen hätten, wie wir uns vorstellen, dass Gott uns erzieht. Denk dir deine Mutter und mich, wie wir vor deiner Geburt zusammengesessen und den Verlauf deines Lebens festgelegt hätten. Wir hätten alles, bis auf jede Stunde des Tages, in einem geheimen Kalender aufgeschrieben.

Wir hätten dir aber nicht gesagt, was wir da schriftlich festgehalten hätten. Du müsstest es selbst herausfinden. Und wenn du das schaffen würdest, wären Mutti und ich wirklich glücklich. Wir würden lächeln und schließlich lachen. Wir würden dir aufmunternd auf den Rücken klopfen. Wir würden dein Taschengeld verdoppeln.

Doch wenn du es nicht rausbekommen könntest . . . wir würden ein böses Gesicht machen, wir würden die Stirn runzeln, dir dein Frühstück wegnehmen.

Klingt das nicht absurd? Und doch denken manche Leute so von Gott. Es ist einfach traurig.

Als ich euch Kinder aufgezogen habe, habe ich euch in gewisser Weise geführt, manchmal auch sehr nachdrücklich. Aber die meiste Zeit haben Mutti und ich euch nicht bis ins Einzelne gesagt, was ihr in jeder kleinen Entscheidung eures Lebens tun solltet. Tatsächlich war es so: je älter ihr wurdet, desto länger war die Leine, an der wir euch hielten. Mein Ziel war es nicht, euch zu sagen, wie ihr handeln solltet. Ihr würdet dann niemals zu einer eigenen Meinung gekommen sein. Mein Ziel war vielmehr, euch zu lehren, alles, was ihr tatet, in einer geistlichen Weise zu tun.

Wenn alles vorherbestimmt wäre, brauchte Gott mich in der Bibel nicht vor den Konsequenzen falscher Entscheidungen zu warnen. Tatsache ist aber, dass die Bibel voller Warnungen ist, was voraussetzt, dass wir Wahlfreiheit haben und die Verantwortung, um Entscheidungen zu treffen – hoffentlich die richtigen.

Anleitung beinhaltet nicht, herauszufinden, was Gott für mein Leben geplant hat, sondern die richtigen Entscheidungen zu treffen – anhand der weisen Prinzipien aus Gottes Wort, die mich auf dem Weg in meine Zukunft begleiten. Gott sagt mir nicht immer haarklein, was ich aus meinem Leben machen soll, aber er verspricht mir, immer bei mir zu sein. Er ist sogar bei mir, wenn ich falsche Entscheidungen treffe (könnt ihr das glauben?)! So wie ich auch bei euch Kindern gewesen bin, wenn ihr falsche Dinge getan habt.

Es gibt in der Bibel eine sehr bekannte Stelle zu diesem Thema: »Der Herr ist mein Hirte, mir wird nichts mangeln. Er führet mich auf rechter Straße um seines Namens willen« (Ps 23,1.3). »Um seines Namens willen« setzt voraus, dass er ein persönliches Interesse daran hat, was uns begegnet, ähnlich meinem Interesse als Vater an eurem Ergehen. In einer merkwürdigen Weise ist euer Erfolg mein Erfolg, und ich leide mit euch in eurem Versagen und euren Schmerzen.

Schafe zählen

Vor einigen Jahren hatte ich ein traumhaftes Erlebnis in den Kiefernwäldern von Nord-Arizona. Ich hatte mich zu einer persönlichen Gebetszeit in das Ferienhaus eures Großvaters zurückgezogen. Eines Tages entschloss ich mich gegen Abend, noch einmal die frische Gebirgsluft zu genießen und unternahm eine kurze Fahrt auf einer staubigen Schotterstraße, die in den Wald hineinführte. Die späte Nachmittagssonne warf einzelne Strahlenbüschel durch die Kiefern, strahlte von hinten auf das kleine Eichenwäldchen und entzündete das Goldgrün der Blätter wie Millionen Weihnachtskerzen. Sprühendes Sonnenlicht flimmerte über meine Windschutzscheibe.

Was als Nächstes geschah, war unwirklich. Als ich um eine Kurve bog, sah ich vor mir hundert oder mehr Schafe, die die Straße überquerten – jedes einzelne von einem Heiligenschein schimmernder goldener Wolle umgeben, den die sinkende Sonne hinter ihnen ausgelöst hatte. Es war ein zauberhafter Anblick und kam völlig unerwartet. Ich habe vierzig Jahre in Arizona gelebt und hatte keine Ahnung, dass in unseren Ponderosa-Wäldern eine so große Anzahl von Schafen weidete.

Ich war gezwungen anzuhalten, stieg aus, betrat die Schotterstraße und rief aus: »Das ist einfach wunderbar, soooo schön«, wobei ich nicht bemerkt hatte, dass ein Schäfer – ein *wirklicher* Schafhirte – unmittelbar jenseits der Straße stand – wachsam. Er beobachtete seine Schafe. Und er beobachtete mich, der sich wie ein Trottel benommen hatte. Mein Augenblick der Entzückung war seine tägliche Plage.

Was mir in jenem himmlischen Augenblick vor allem klar wurde, war, dass die Schafe – einige grasten noch auf der anderen Straßenseite, einige überquerten die Straße und manche standen einfach nur da – sich des Hirten wohl kaum bewusst waren. Jedes Tier ging seinen eigenen Weg, seinem eigenen Bedürfnis nach, jedes mit einem gewissen Spielraum an persönlicher Freiheit.

Der Herr ist mein Hirte …
ich fürchte kein Unglück, denn du bist bei mir,
dein Stecken und Stab trösten mich.

Der Hirte wachte und führte, aber die Schafe trafen eine Menge eigener Entscheidungen – innerhalb des Kreises seines Willens.

Das Leben weckt in mir von Zeit zu Zeit Gefühle der Hilflosigkeit. Ich fürchte mich vor vielen Entscheidungen, die ich zu treffen habe. Doch der Herr ist mein Hirte. Er führt mich, wenn ich nicht weiß, wohin ich gehe – und beschützt mich, nicht nur vor »Raubtieren«, sondern auch vor den Konsequenzen meiner eigenen Dummheit.

Darum kann Augustinus so vertrauensvoll sagen: »Liebe Gott, und dann tue, was du willst.« Es gibt auch eine Bibelstelle, die das zum Ausdruck bringt, als Nathan, der persönliche geistliche Berater König Davids, diesen ermutigt: »Wohlan, alles, was in deinem Herzen ist, das tu, denn der Herr ist mit dir« (2. Sam 7,3).

»Wie können Sie mit Sicherheit wissen, dass Sie den Willen Gottes tun?«, fragte jemand Mutter Teresa.

»Ich *bin* der Wille Gottes«, antwortete sie.

Offensichtlich kam ihr die Frage gar nicht in den Sinn, ob sie das Richtige tat oder nicht. Sie liebte Gott und erwartete, dass alles andere irgendwie zu etwas Gutem führt. Ja, Römer 8,28 sagt *genau* das, nicht wahr? »Wir wissen aber, dass denen, die Gott lieben, alle Dinge zum Besten dienen, denen, die nach seinem Ratschluss berufen sind.«

Formel-1-Rennen für Gott

Erinnert euch daran, dass ich euch fünf Dinge mitteilen wollte, die ihr wissen solltet, wenn ihr komplizierte Entscheidungen trefft.

Das *Dritte* ist: *Erkennt und akzeptiert eure eigenen persönlichen Gaben und Grenzen.* Mit anderen Worten: Fragt euch selbst: »Was tue ich (tun wir) gern?«

Das bringt einen anderen christlichen Mythos zum Einsturz, nämlich den Mythos, dass Gott uns nur vor Aufgaben stellt, die wir nicht gern übernehmen, um damit festzustellen, ob wir ihn wirklich lieben. Oder aber: Wenn wir etwas gern tun, kann es nicht Gottes Bestimmung sein.

Aber das ist ebenso dumm, wie mit Gott »Schiffe versenken« spielen zu wollen. Denkt doch einmal darüber nach. Warum sollte Gott sich die Mühe machen, euch alle möglichen legitimen Vorlieben und ablehnenden Gefühle ins Herz zu geben und dann von euch zu fordern, dass ihr euer Leben für etwas einsetzt, das in eure schöpfungsmäßigen Anlagen nicht hineinpasst?

Ich bin vom Gegenteil überzeugt. Gott führt euch im Allgemeinen in die Richtung dessen, was ihr gern tut, was euch Freude macht. Natürlich wird euch nicht alles im Leben Spaß machen, und ihr werdet auch unangenehme Dinge tun müssen, aber Gott ist auf eurer Seite. Gott ist nicht »neben der Spur«, die Menschen sind es.

Verschiedene Motorfahrzeuge sind z.B. für unterschiedliche Zwecke entworfen und konstruiert. Stellt euch vor, ihr würdet von Gott dazu geschaffen sein, ein UPS-Pakettransporter zu sein, hättet aber das Gefühl, dass Gott, um euren Glauben zu testen und euch geistlich zu fördern, von euch wünschen würde, dass ihr am Formel-1-Rennen teilnehmen solltet.

Dann legt mal los, so schnell wie ihr könnt, so schnell, wie euer dicker, plumper, sperriger Kasten euch vorwärts bringt.

Die schnittigen Formel-1-Rennwagen surren an euch vorbei, einen flüchtigen Eindruck von Farbe und Tempo bei euch zurücklassend.

Brrrrrrrrrrrmmmmm! Brrrrrrrrrrrmmmmm! Das bringt euch schwer in Verlegenheit, aber ihr tut es ja für Gott, und er ist so stolz auf euch. Ihr habt sogar einen leuchtenden Fisch-Aufkleber auf euren großen braunen Türen, der andere wissen lässt, dass ihr es für Gott tut.

(Die Geschichte habe ich auf einer Jüngerschafts-Schulung von »Jugend für eine Mission« in Denver erzählt, und genau da – das ist kein Scherz – tauchte draußen vor der riesigen Glaswand auf der rechten Seite des Schulungsraumes ein UPS-Transporter auf.)

Noch einmal: der Mythos heißt, dass Gott euch zwar auf eine Art geschaffen hat, euch dann aber zwingt, etwas zu tun, das mit euren Begabungen und Interessen unvereinbar ist.

Doch die Wahrheit ist vielmehr, dass Gott euch so braucht, wie er euch geschaffen hat. Einer der größten Prediger des neunzehnten Jahrhunderts, Charles Spurgeon, sagte einmal: »Wenn du in der Öffentlichkeit nicht sprechen kannst, dann hat Gott dich nicht zum Predigen berufen.«

Träumt nicht von etwas, zu dem ihr nicht begabt seid, und fühlt euch nicht schuldig, wenn ihr etwas tut, was euch liegt. *Eure Begabungen und Grenzen anzuerkennen wird euch helfen, richtige Entscheidungen zu treffen.*

Beweise, die sich aus den Umständen ergeben

Der *vierte* Faktor, den ihr kennen müsst, um in einer komplizierten Welt gute Entscheidungen zu treffen, ist – und das ist eine leichte Sache – *die Umstände genau unter die Lupe zu nehmen.* In anderen Worten: stellt eine Liste der »Pros« und »Kontras« auf.

Die Umstände zerfallen in zwei Kategorien: zwingende und nicht-zwingende. Ich finde es gut, was M. Blaine Smith dazu zu sagen hat: »Es gibt zwei Grundsätze, die unsere Unsicherheit vermindern können und uns leichter Gottes Führen erkennen lassen (in den Umständen) …

Bei *wesentlichen* Entscheidungen (für eine Berufung z. B.) sollten die Umstände nur eine begrenzte Rolle spielen, wenn es um das Erkennen des Willens Gottes geht. Bestenfalls sollten wir sie eine *anregende* oder *bestätigende* Rolle spielen lassen …

Auf dem Gebiet kleinerer Entscheidungen (z. B. *innerhalb* der Frage einer Berufung) sollten die Umstände zum genaueren Definieren und Abgrenzen beitragen.«

Die *fünfte* Sache, die ihr wissen müsst, heißt: *Holt euch Rat.* Das Buch der Sprüche im Alten Testament sagt eine Menge in dieser Hinsicht:

»Den Toren dünkt sein Weg recht, aber wer auf Rat hört, der ist weise« (Spr 12,15).

»Die Pläne werden zunichte, wo man nicht miteinander berät« (Spr 15,22).

»Höre auf Rat und nimm Zucht an, dass du hernach weise seist« (Spr 19,20).

»Das Vorhaben im Herzen eines Mannes ist wie ein tiefes Wasser; aber ein kluger Mann kann es schöpfen« (Spr 20,5).

Haddon Robinson sagt uns in seinem Buch »Decision Making by the Book« (Entscheidungen mit Hilfe der Bibel treffen), dass wir beim Ratsuchen auf drei wichtige Elemente achten müssen. Ein guter Rat ist:

1. *Biblisch begründet.* Wenn wir Gottes Willen suchen, brauchen wir den Rat von jemand, der eine christliche Weltsicht hat.

2. *Auf Erfahrungen aufbauend.* Der Berater sollte eine gewisse Reife und einen weiten Horizont besitzen.

3. *Auf Befähigung beruhend.* Der Berater sollte Kenntnisse auf dem Gebiet mitbringen, wo der Rat benötigt wird, z. B. in einem Fall von Gehirnchirurgie. Ich würde mir vor allem den Rat des besten Chirurgen der Welt holen – *unabhängig davon*, ob er Christ ist oder nicht!

Ich wünschte, ich hätte dieses Kapitel schon hinter mir, aber ...

Und nun noch eins: Was ist, wenn ihr eine falsche Entscheidung getroffen habt? Ein guter Nachbar machte mir gegenüber mal die Bemerkung: »Wir haben unsern Kindern gesagt, dass sie ihre Entscheidungen aufgrund der besten Informationen treffen sollen, die sie in dem Augenblick haben. Und wenn sie entschieden haben, dann sollten sie niemals mehr zurückschauen.«

Ein guter Rat! Und ich bin nicht einmal sicher, ob diese Leute gläubige Christen sind!

Gut, aber was macht man dann, wenn es eine schlechte Entscheidung gewesen ist?

Gebt euren Fehler zu. Das ist in Ordnung. Jeder macht Fehler. Jeder trifft einmal dumme Entscheidungen. Ihr lernt niemals erfolgreich zu sein, bevor ihr nicht zuerst gelernt habt, zu versagen.

Wenn man seine Fehler nicht zugibt und bereinigt, verlängert man damit nur das Leiden und den Kampf. Probleme ziehen sich endlos hin, wenn einer nicht sagen kann: »Ich habe einen Riesenfehler begangen. Es tut mir wirklich Leid. Bitte vergib mir. Ich habe meine Lektion gelernt, und, Gott helfe mir, ich möchte nicht noch einmal dahin kommen.«

Oder sogar: »Ich habe ein großes Problem hier. Ich brauche Hilfe. Ich werde diese aktiven Schritte unternehmen, um eine Änderung herbeizuführen.«

Akzeptiert die Konsequenzen einer falschen Entscheidung. Manchmal sind diese ernster Natur und schmerzhaft, aber seine Fehler leugnen ist am Ende noch schlimmer. Ihr müsst lernen, mit Fehlern und Versagen realistisch umzugehen. Gott fällt durch eure Fehler nicht um, aber er ist daran interessiert, wie ihr damit umgeht.

Haltet nicht jede Entscheidung für endgültig. Manchmal ist das einzig Dauerhafte in unserem Leben unser Ich! Trefft neue Entscheidungen. Meinungsänderung ist nicht Schizophrenie!

Widersteht mit aller Kraft der mächtigen Versuchung, eine Fehlentscheidung durch eine andere, impulsive, ebenfalls schlechte Entscheidung zu korrigieren. Der Kummer, den sich Menschen durch ihre eigenen falschen Entscheidungen einhandeln, mag sie manchmal schon fast umwerfen, aber die Selbsttäuschungen, die sie sich zufügen, um die falschen Entscheidungen zu kompensieren, sind vielleicht noch schlimmer. Denken wir z. B. an König David. Der Ehebruch mit Batseba war noch nicht genug; er musste ihren Ehemann umbringen, um seine Sünde nicht offenbar werden zu lassen, als sie schwanger wurde.

Vergesst niemals: die Dinge entwickeln sich immer vom Schlimmen zum noch Schlimmeren, solange ihr nicht das Richtige tut.

Und ein Letztes: Was ist zu tun, wenn ich absolut nicht weiß, was ich tun soll? Die Antwort ist sehr einfach: Setzt euch eine zeitliche Grenze. Ihr könnt nicht ewig auf der Kreuzung der Unentschiedenheit stehen bleiben! Ihr müsst irgendetwas tun!

Diesen Rat habe ich zahllosen Menschen gegeben – mit gutem Erfolg. Und so wurde es praktiziert: Wenn ihr irgendwo feststeckt, wenn ihr wisst, dass ihr an einer Stelle verliert, einerlei wie ihr euch entscheidet, bedient euch der besten Information, die ihr habt und entscheidet euch dafür, zu einem bestimmten Zeitpunkt *zu handeln* – vielleicht in drei Monaten oder auch in dreißig Tagen.

Wenn eure Entscheidung eine schwierige Beziehung zu irgendjemand betrifft, teilt dem Betreffenden nicht mit, was ihr beschlossen habt oder welche Frist ihr euch gesetzt habt. Sprecht nur mit Gott darüber und betet dann. Glaubt, dass er es irgendwie offensichtlich machen wird, wenn eure Entscheidung falsch ist. Es ist, als ob man Gott sagt: »Das möchte ich tun, und zwar am 1. Januar. Aber wenn das falsch ist, bitte mache es mir irgendwie klar.«

Ihr versteht natürlich, dass diese Art, eine schwierige Entscheidung zu treffen, ihre Grundlage hat in dem, was ich von Gott glaube: Er ist der gute Hirte, keine trickreiche Gottheit, die mitten im Spiel immer wieder die Regeln ändert. *Gott ist auf eurer Seite.*

Gott ist nicht nur daran interessiert, dass ihr die *richtige* Entscheidung trefft. Er ist daran interessiert, ob ihr jede Entscheidung auf die *richtige Art* trefft. Gott wartet nicht nur darauf, zu sehen, was ihr tut, sondern *wie* ihr etwas tut. Wenn ihr die richtige Entscheidung in der falschen Haltung trefft, dann habt ihr eine falsche Entscheidung getroffen! Wenn ihr aber eine *falsche* Entscheidung in der *rechten* Haltung trefft, dann wird Gott eingreifen.

Keine Angst! Wenn ihr ein zeitliches Limit setzt, versucht ihr Gott nicht und treibt ihn nicht in die Enge. Ihr treibt nur *euch selbst* in die Enge! Bleibt da nicht für alle Zeit stehen. Bildet euch eine Meinung! Wenn ihr allzu lange wartet, dann wird *keine Entscheidung* mehr die *richtige* sein!

Keine Angst! Wenn ihr im Voraus ganz genau wüsstet, was ihr tun sollt, brauchtet ihr keinen Glauben mehr! Warum? Weil der Glaube ein Nichtzweifeln ist an den Dingen, die man nicht sieht (Hebr 11, 1). *Glaube ist ein kalkulierbares Risiko!*

Wir benötigen keinen Glauben, um eine Entscheidung zu treffen, wenn wir schon genau wissen, was dabei herauskommt. Zum Glauben gehört immer ein gewisses Maß an Unsicherheit. Wo überhaupt keine Unsicherheit ist, ist auch kein Glaube.

»Es ist besser, bei der Hälfte aller Entscheidungen das Rechte zu treffen und auf diese Weise etwas zu bewirken, als nichts fertig zu bringen, weil man Angst hat, es könnte falsch sein«, sagt Haddon Robinson.

Im nächsten Kapitel:
Wie macht man das Beste aus seinem Job?

6.

Gott sei Dank – es ist Montag

Das Beste aus seinem Job machen

Es vergeht wohl kaum ein Tag, an dem ich keine Zeitung lese. Jill, denke bitte nicht, dass es nur um den Sportteil geht. Es gibt so viel an bedenkenswerten anderen Nachrichten und Informationen, und du weißt, dass ich manches davon gern sammle. Wie z. B. Schlagzeilen:

»Schwindende Sitten führen zu Wutausbrüchen im Großraumbüro.«

»Tisch-Trommler und Kleingeld-Klimperer zerreißen die Nerven. Eigenarten der Mitarbeiter auf Spitzenplatz von Umfrage über Störenfriede.«

»Stress am Arbeitsplatz macht die Arbeiter krank.«

»Gestresste Arbeitnehmer füllen die Wartezimmer der Ärzte.«

»Firmen versuchen den Angestellten zu helfen, miteinander auszukommen.«

»Frauen kommen weiter am Arbeitsplatz, aber das ›Glasdach‹ hängt immer noch über ihnen.«

Nach einem dieser Artikel schätzt die American Medical Association, dass bis zu 70 % aller Patienten, die beim Hausarzt auftauchen, Symptome aufweisen, die einen direkten Bezug zu einer unbewältigten Stresssituation haben. Und Stress als solcher – wie er in der Aussage: »ich bin gestresst« zum Ausdruck kommt – gehört zu den zehn Hauptgründen, weshalb Amerikaner ihrer Arbeit fernbleiben.

Was noch schlimmer ist: Patterson und Kim, die Autoren des bekannten Buches »The Day America Told the Truth« (Der Tag, an dem Amerika die Wahrheit sagte), berichten, dass nur einer von zehn Amerikanern erklärt, dass er mit seiner Arbeit zufrieden ist, dass nur jeder vierte der Angestellten sein Bestes im Beruf gibt und dass etwa 20% der durchschnittlichen Arbeitszeit vergeudet wird.

Arbeitet an eurer Ehe

Habt ihr ähnliche Gefühle im Hinblick auf eure berufliche Arbeit, David und Jill? Manchmal? Meistens?

Nun, vielleicht liebt ihr beide tatsächlich eure Arbeit! Aber ihr seid auch erst ein Jahr verheiratet (während ich dies schreibe). Doch du, Jill, hast schon ein paar Mal mit mir darüber gesprochen, dass David seine Arbeit mit nach Hause bringt. Ist das Besorgnis erregend?

Vielleicht noch schädigender für eure Ehe sind solche Zeiten, während derer ihr eure *Gefühle*, die mit der Arbeit zusammenhängen, dabei *mit* nach Hause bringt.

Dann passiert Folgendes: Ihr seid am Arbeitsplatz gestresst. Ihr werdet dort nicht damit fertig. Ihr stopft alles in euch hinein.

Ihr kommt von der Arbeit nach Hause, aufrichtig froh, einander zu sehen. Ihr sehnt euch nach dem ersten Willkommenskuss. Innerlich aber seid ihr noch auf Kampf eingestellt, die »Haare stehen euch noch zu Berge«.

Dann passiert irgendeine Kleinigkeit und das Fass läuft über. Jetzt seid ihr ärgerlich aufeinander. Für nichts und wieder nichts. Zuerst hat das nur etwas mit der Arbeit zu tun und nicht mit einem von euch. Nicht mit irgendetwas anderem.

Ich habe es selbst erlebt. Mutti und ich hatten unsere schlimmsten Auseinandersetzungen, wenn ich auch die härtesten beruflichen Wochen durchstehen musste. Ich habe es auch bei Mutti gesehen, als es ihr »Job« war, euch Kinder aufzuziehen. Und in jüngster Zeit war sie noch merklich mehr gestresst durch ihren Teilzeit-Job.

Druck am Arbeitsplatz bringt zusätzlichen Druck für unsere Beziehung. Was wir zu jeder anderen Zeit ohne angestauten Ärger beim Partner vielleicht ohne weiteres tolerieren würden, wird dann plötzlich zum Anlass eines ernsthaften Konfliktes. Wenn ihr denkt, dass das, was ihr über der Arbeit denkt und fühlt, keine Auswirkung auf eure Ehe hat, dann irrt ihr euch. Es gibt eine direkte Beziehung zwischen Beruf und Ehe.

Der Fluch der Arbeit

Wollt ihr wissen, warum die meisten Menschen – etwa 90 % der amerikanischen Arbeitnehmer – so gestresst und unglücklich sind mit ihrem Job? *Weil ein Fluch darauf liegt.*

Darum schreibt der christliche Schriftsteller R. Kent Hughes: »Millionen Menschen sehen ihre Arbeit nur als etwas an, das sie eben ertragen müssen, als ständige Entwürdigung … eine dunkle Wolke von Unbefriedigtsein hängt über den heutigen Arbeitnehmern.«

Deshalb schrieb Hermann Melville, der Autor des klassischen Romans »Moby Dick«: »Sie sprechen von der Würde der Arbeit, so'n Quatsch! Die Würde liegt in der Muße.«

Deshalb räumt der säkulare Autor des Bestsellers »Working«, Studs Terkel, ein: »Arbeit ist wie eine Gewalteinwirkung – die sowohl unseren Geist als auch unseren Körper trifft. Magengeschwüre und Unfälle gehören dazu, Wortgefechte und Faustkämpfe, Nervenzusammenbrüche und Schwarzer-Peter-Spiele. Es sind mehr oder weniger tägliche Demütigungen.«

Ihr müsst keine Theologen sein, um zu erkennen, dass *ein Fluch darauf liegt.*

Gott sagte zu Adam: »Weil du gehorcht hast der Stimme deiner Frau und gegessen von dem Baum, von dem ich dir gebot und sprach: Du sollst nicht davon essen –, *verflucht sei der Acker um deinetwillen*! Mit Mühsal sollst du dich von ihm nähren dein Leben lang. Dornen und Disteln soll er dir tragen, und du sollst das Kraut auf dem Felde essen. Im Schweiße deines Angesichts sollst du dein Brot essen, bis du wieder zu Erde werdest, davon du genommen bist« (1. Mose 3,17-19).

Ich weiß, eine Menge Leute wären nicht glücklich über meine »religiöse« Interpretation des Problems. Tatsächlich sagt keiner der Artikel, die ich am Anfang dieses Kapitels aufzählte – wie auch zu erwarten war –, etwas von Gott oder einem geistlichen Hintergrund. (Diese Themen erscheinen nur einmal in der Woche, samstags, und sind versteckt auf der Seite Religion.)

In einem jener Berichte über Arbeit und Arbeitsplatz brachte die Zeitung noch eine Randbemerkung. Sie enthielt Tipps vom HOPE-Heart-Institut über den Umgang mit Stress, einschließlich einiger wirklich guter Empfehlungen wie:

- Organisiert euch,
- lebt in der Gegenwart,
- helft anderen,
- lacht,
- lasst andere Leute ihre eigenen Dinge tun,
- gönnt den Menschen eine Pause,
- kontrolliert das Selbstgespräch, das in eurem Kopf abläuft,
- geht mit euch selbst vernünftig um,
- benutzt nicht immer die gleichen Wörter,
- versucht, nicht ärgerlich zu werden.

Auffallend ist, dass alle geistlichen Prinzipien auf dieser Liste fehlen. Doch ich bin der Überzeugung, dass die Wurzel des Problems darin liegt, wie wir unsere Arbeit im Verhältnis zu Gott einordnen. Man kann es so auffassen, dass der Fluch auf der Arbeit gleichzusetzen ist mit der Abwesenheit Gottes am Arbeitsplatz. Gott ist »aus dem Büro« fortgegangen – nicht nur für ein paar Minuten, sondern für immer. Der Arbeitsplatz ist gottlos geworden.

Der äußerste Fluch bedeutet natürlich Hölle, was die absolute Abwesenheit Gottes bedeutet. Wo man dies erlebt, hat man die absolute Hölle. Und wenn man einen gottlosen Arbeitsplatz hat, dann entsteht über der Arbeit das Gefühl, in der Hölle zu sein.

In einer neuen Veröffentlichung, »The Kingdom Agenda«, vergleichen Mike Rogers und Claude King den Arbeitsplatz, wie Gott ihn beabsichtigt hatte, mit demjenigen, der durch die Sünde verdorben ist:

Was Gott wollte ...
Gott und seine Arbeiter sollten zusammenarbeiten.
Gott ist gegenwärtig, und seine Arbeiter sind sich dessen bewusst.
Gott ist absoluter Herrscher und die Menschen seine Mitarbeiter.
Gott weist die Arbeit an, und seine Mitarbeiter reagieren auf Gottes Initiative in Gehorsam.
Tjaaa, das ist O.K.!

Wie es wirklich ist ...
Die Arbeiter lehnen Gottes Souveränität ab.
Die Arbeiter drehen sich nur um sich selbst.
Die Arbeiter versuchen, ihre Bedürfnisse ohne Gott zu befriedigen.

Es liegt ein Fluch auf der Arbeit, und ohne Gott entwickelt die Arbeit eine Eigengesetzlichkeit.
Sie wird zur Einkommensquelle, also arbeitet ihr nur für die Bezahlung.
Sie wird Grundlage eures Status und eures Ansehens. Also arbeitet ihr für die Erfüllung eures Lebens.
Sie wird zur Grundlage der Identität, also arbeitet ihr für euren Erfolg.
Sie wird euer Herr, und ihr werdet Sklaven.
An einem gottlosen Arbeitsplatz wird die Arbeit zu eurem Gott.

Habt ihr einen säkularen Job?

Wenn ihr sagt: »Ich habe einen *säkularen* Job« (im Gegensatz zu einem *frommen*), erkennt ihr die Abwesenheit Gottes am Arbeitsplatz regelrecht an. Oder, wenn man es ungeschminkter sagen will: Wenn ihr denkt, dass euer Job säkular ist, verflucht ihr eure Arbeit, weil der Fluch darin besteht, dass Gott nicht da ist.

Tatsächlich gibt es so etwas wie eine säkulare Arbeit gar nicht, es gibt nur eine säkulare *Ansicht* von der Arbeit, die etwa so klingt:

»Der letzte Sinn meiner Arbeit liegt darin, dass sie mir ein Gefühl persönlichen Wertes und der Erfüllung gibt.«

»Erfolg im Leben wird definiert durch Erfolg bei der Arbeit.«

»Man kann an meinem materiellen Reichtum, an meiner beruflichen Anerkennung oder meinem Status im Hinblick auf meine Position ablesen, wie erfolgreich ich bin.«

»Ich gehe nur zur Arbeit, um meinen Lebensunterhalt zu verdienen.«

»Ich erwarte mehr von der Arbeit und mir selbst, als die Arbeit und mein Ich mir geben können.«

»Meine Karriere, mein Erfolg, meine Position, mein Einkommen sind die Abgötter meines Lebens.«

»Meine Sicht von Arbeit belässt Gott außerhalb des Systems.«

Bedeutungslose, niedrige Arbeit

Der Fluch der Arbeit bezieht sich nicht nur darauf, was er für euch bedeutet, sondern was dabei mit der menschlichen Gesellschaft passiert: Der Wert eines Menschen wird nicht mehr daran gemessen, was er innerlich ist, sondern welche Art von Arbeit er ausübt. Wir sind Sklaven des Status-Denkens geworden und untergeordnete Arbeit ist nur noch für Analphabeten und Zuwanderer gedacht.

Das wollen wir uns einmal näher ansehen! Ich habe meinen elektronischen »Thesaurus« auf dem Computer nach synonymen Ausdrücken für »niedrig« abgefragt. Hier eine Liste der Wörter:

stumpfsinnig	minderwertig
häuslich (???)	trocken
gemietet	niedrig/unwürdig
Lakaienarbeit	gemein
Diener	sklavisch
untergeordnet	unterwürfig
Rädchen im Getriebe	scheußlich

Und die entgegengesetzten Begriffe? Nur drei:

Unternehmer
Würdenträger
Geschäftsführer

Bestätigt das meine Aussage oder nicht?

Der Fluch, der auf der Arbeit liegt und schon in unserer Sprache zum Ausdruck kommt, gibt der Arbeit ein Eigenleben, das auf Isolation und Demütigung sozialer Schichten hinausläuft.

Salomo schrieb vor etwa 2500 Jahren: »Darum verdross es mich zu leben, denn es war mir zuwider, was unter der Sonne geschieht, dass alles eitel ist und Haschen nach Wind. Und mich verdross alles, um das ich mich gemüht hatte unter der Sonne, weil ich es einem Menschen lassen muss, der nach mir sein wird. Denn wer weiß, ob er weise oder töricht sein wird und soll doch herrschen über alles, was ich mit Mühe und Weisheit geschafft habe unter der Sonne. Das ist auch eitel.

Da wandte ich mich dahin, dass ich mein Herz verzweifeln ließ an allem, um das ich mich mühte unter der Sonne. Denn es muss ein Mensch, der seine Arbeit mit Weisheit, Verstand und Geschicklichkeit mühsam getan hat, es einem andern zum Erbteil überlassen, der sich nicht darum gemüht hat. Das ist auch eitel und ein großes Unglück. Denn was kriegt der Mensch von aller seiner Mühe und dem Streben seines Herzens, womit er sich abmüht unter der Sonne? Alle seine Tage sind voller Schmerzen und voll Kummer ist sein Mühen, dass auch sein Herz des Nachts nicht Ruhe findet. Das ist auch eitel«, stöhnt Salomo (Pred 2,17-23).

Im Gegensatz dazu sehen wir den Patriarchen Josef, einen der zwölf Söhne Israels (Jakobs). Josef war ein Träumer. Er träumte, dass eines Tages seine Brüder – seine *älteren* Brüder – sich vor ihm verbeugen würden. Das Problem war, dass er das den Brüdern auch noch sagte. Als sich ihnen eine Gelegenheit bot, verkauften sie ihn deshalb in die Sklaverei.

Durch die weise Vorhersehung Gottes kam Josef auf diesem Weg nach Ägypten in das Haus des Potifar. »Der Herr war mit Josef, so dass er ein Mann wurde, dem alles glückte. Und er war in seines Herrn, des Ägypters Hause« (1. Mose 39, 2). Genau da, bei einer ganz gewöhnlichen weltlichen Arbeit, für einen Heiden sich abplagend, *war der Herr mit Josef.* Und mehr noch: *alles glückte ihm.*

Tatsächlich: »Und sein Herr sah, dass der Herr mit ihm war; denn alles, was er tat, das ließ der Herr in seiner Hand glücken, so dass er Gnade fand vor seinem Herrn und sein Diener wurde« (1. Mose 39, 3-4). Gott segnete seine profane Arbeit und ließ ihm alles glücken – wovon alle schwer arbeitenden Menschen träumen. Kam das, weil Josef reiche Hilfsquellen hatte und erfinderisch und geschickt war? Nein, sondern *weil der Herr mit ihm war.* Erinnert euch daran, dass der Kern des Fluchs die *Abwesenheit* Gottes ist. Josef war gesegnet, weil Gott *gegenwärtig* war – bei ihm.

»Und von der Zeit an, da er ihn über sein Haus und alle seine Güter gesetzt hatte, segnete der Herr des Ägypters Haus um Josefs willen« (1. Mose 39, 5). Darum gibt Gott euch euren Job! Um die Heiden zu segnen!

Statt zu jammern (s. Pred 2), seid dankbar! Erkennt an, dass eure Arbeit ein geistlicher Dienst ist, selbst wenn ihr für ungeistliche Menschen arbeitet. Seid gewiss, dass Gott mit euch ist, wie er mit Josef war. Wenn ihr Christen seid, erinnert euch ständig daran, dass euer ganz gewöhnlicher, *weltlicher* Job wirklich ein *vollzeitlicher geistlicher Dienst* für die Menschen ist, für die und mit denen ihr arbeitet.

Paulus schrieb an den jungen Titus: »Den Sklaven sage, dass sie sich ihren Herren in allen Dingen unterordnen, ihnen gefällig seien, nicht widersprechen, nichts veruntreuen, *sondern sich in allem als gut und treu erweisen, damit sie der Lehre Gottes, unseres Heilandes, Ehre machen in allen Stücken*« (Tit 2, 9-10).

Wie ihr eure Arbeit tut, ist für andere einer der mächtigsten Fingerzeige eures Glaubens an Christus. Habt ihr andererseits schon mal Mitleid mit euch selbst und klagt: »Ich bin der Einzige, der hier arbeitet. Alle andern schlampen bloß, und alles, was mein Chef macht, ist herumsitzen, Gebäck essen und Kaffee trinken!«?

Nun, als Josef für Potifar arbeitete, »war lauter Segen des Herrn in allem, was er hatte, zu Hause und auf dem Felde. Darum ließ er alles unter Josefs Händen, was er hatte, und kümmerte sich, da er ihn hatte, um nichts *außer um das, was er aß und trank«* (1. Mose 39,5-6).

Gebäck und Kaffee.

Gott sei Dank – es ist Montag

Meine Ansicht ist: *Keiner* hat einen säkularen Job, nicht einmal Menschen, die durch und durch im Getriebe der Welt aufgehen, weil Arbeit grundsätzlich einen geistlichen Aspekt hat. Arbeit kommt von Gott. Es war zuerst seine Idee und er selbst war der Erste, der gearbeitet hat: »So wurden vollendet Himmel und Erde mit ihrem ganzen Heer. Und so vollendete Gott am siebenten Tage seine *Werke*, die er machte, und ruhte am siebenten Tage von allen *seinen Werken*, die er gemacht hatte« (1. Mose 2,1-2).

Wir schauen *voraus* aufs Wochenende und sagen: »Das wird gut.«

(Thank God it's Friday – Gott sei Dank, es ist Freitag.)

Aber als Gott schließlich das Werk der ersten Woche beendet hatte, schaute er *zurück* und sagte: »Es ist gut.«

Gott sei Dank – es ist Montag!

Für Gott war das Wochenende nicht nur das lang erwartete Ende der Arbeitswoche, sondern eine Zeit, um Rückschau zu halten, über sein Werk nachzudenken und zu bewerten, was er gemacht hatte.

Gott schuf und sein Tun war gut. Dann machte Gott Adam und beauftragte ihn zu arbeiten, *bevor* der Fluch ausgesprochen wurde: »Und Gott der Herr pflanzte einen Garten in Eden gegen Osten hin und setzte den Menschen hinein, den er gemacht hatte ... Und Gott der Herr nahm den Menschen und setzte ihn in den Garten Eden, dass er ihn *bebaute* und bewahrte« (1. Mose 2,8.15).

Die Arbeit war kein Fluch, und sie ist kein Fluch. Auch »niedrige« Arbeit war kein Fluch. Denkt doch einmal darüber nach: Der erste Job war Gartenarbeit – nicht als ein Rosen züchtendes Hobby, sondern als Beruf und als Dienst im Sinne der neuen Schöpfungsordnung gedacht.

Anfang dieses Herbstes hielt einer meiner Freunde, Myles Munroe, ein Schriftsteller und anerkannter Konferenz-Redner, in unserer

Gemeinde einen besonderen Wochenend-Gottesdienst. Die Atmosphäre schien elektrisch aufgeladen, und der Raum war gestopft voll von Menschen. Es saßen sogar noch Leute im Foyer.

Unter anderem – *vielem* anderen – sprach Myles über Arbeit. Als er ein kostenloses Exemplar seines Buches über das Erkennen des Willens Gottes im Hinblick auf einen Job anbot, stürzte ein junger Mann nach vorn, um es in Empfang zu nehmen. Wohlwollend gab Myles ihm das Buch, fragte ihn aber zuerst noch, womit er seinen Lebensunterhalt verdiene.

Der junge Mann senkte seinen Blick zu Boden und gab keine Antwort.

Zwiebelringe für Gott

Myles ließ nicht locker: »Sagen Sie es mir.«

Nach einer Ewigkeit des Schweigens murmelte der junge Mann vor sich hin (ich konnte ihn nicht verstehen, obwohl ich kaum einen Meter von ihm entfernt war): »Ich bediene in einer Schnellimbiss-Stube.«

»Sie arbeiten in einer Imbiss-Stube?«, wiederholte Myles so laut, dass jeder es hören konnte. »Was ist dabei so schlimm?«, tadelte Myles ihn liebevoll. »Schämen Sie sich *niemals* einer Arbeit! Arbeit ist etwas Gutes, und wir sollten dankbar sein für einen Job, wirklich jeden Job.«

Und dann – in einer plötzlichen Anwandlung – zeigte er auf die riesige Menschenmenge und rief laut, zu dem jungen Mann gewandt: *»Alle diese Menschen, die heute Abend hier sind, essen ›Fast food‹!«* Dann drehte er sich nach der Zuhörerschaft um und rief: *»Oder etwa nicht?«* Die Menge brach in lautes, verlegenes Lachen aus.

Wenn alle legale Arbeit von Gott kommt, dann ist Arbeit etwas *Gutes*. Man kann sogar sagen, sie ist *heilig*. Oder, um es auf andere Weise auszudrücken: Arbeit ist Anbetung. Hart zu arbeiten und gut zu arbeiten – was auch immer man tut – bedeutet Gott ehren …

- ob ihr Zwiebelringe schneidet oder eine Boeing fliegt,

- ob ihr Benzin einfüllt oder eine Gemeinde als Pfarrer betreut,
- ob ihr ein Unternehmen leitet oder einen Gottesdienst.

In seinem Bestseller »Book of Virtues« bemerkt William Bennet: »Es gibt keine minderwertige Arbeit, nur minderwertige Einstellungen.«

Am einem der letzten Wochenenden im Sommer dankte ich allen Mitgliedern unserer Gemeinde, die in öffentlichen Schulen, in der Verwaltung, als Lehrer und Leiter fungieren. Ich bat sie, weiterhin auf ihrem Posten zu bleiben, betete für ihre Arbeit, für ihre Schüler und für alle ihre Mitarbeiter. Ich machte ihnen bewusst, dass ihre Tätigkeit ein Dienst für Gott war, dass er sie dazu berufen hatte, Vorbilder zu sein und den Kindern und den Familien unserer Gemeinde zu dienen.

Eine Woche später kam eine der Lehrerinnen zu mir. In Erinnerung an diese kurze Ansprache dankte sie mir bewegt – mit Tränen in den Augen. Sie war schon viele Jahre bewusste Christin. Doch in dieser Zeit hatte nicht eine Einzige der verantwortlichen christlichen Führungspersönlichkeiten (mich eingeschlossen) ihre Tätigkeit innerhalb der öffentlichen Erziehungsarbeit als eine Berufung von Gott bestätigt. Sie sagte, dass dies für sie ungeheuer revolutionär und befreiend gewesen sei.

»Wiedergeborene Arbeit«

Es liegt ein Fluch auf der Arbeit. Jesus kam, um uns von dem Fluch der Sünde und ihren Konsequenzen zu erlösen. Wenn wir Christen werden, werden wir von neuem geboren – und unsere Einstellung zu allem und jedem, einschließlich unserer Arbeit, sollte auch wiedergeboren werden. Den Arbeitsplatz zu wechseln, mag nicht unbedingt der Weg zum Glück sein. Vielleicht geht es mehr um eine Veränderung unserer Herzen.

Um die bestmögliche Haltung im schlimmstmöglichen Job zu gewinnen, seht euch Epheser 6,5-9 an: »Ihr Sklaven, seid gehorsam euren irdischen Herren mit Furcht und Zittern in Einfalt eures Herzens, als dem Herrn Christus; nicht mit Dienst vor Augen, um den Menschen zu gefallen, sondern als Knechte Christi, die den Willen

Gottes tun von Herzen. Tut euren Dienst mit gutem Willen als dem Herrn und nicht den Menschen; denn ihr wisst: Was ein jeder Gutes tut, das wird er vom Herrn empfangen, er sei Sklave oder Freier. Und ihr Herren, tut ihnen gegenüber das Gleiche und lasst das Drohen; denn ihr wisst, dass euer und ihr *Herr* im Himmel ist, und bei ihm gilt kein Ansehen der Person« (Eph 6,5-9).

An einer Stelle sagt eine andere alte Bibelübersetzung, dass Gott keiner ist, der sich von Rang und Namen beeinflussen lässt. Mit anderen Worten: Gott kümmert sich nicht darum, was für eine Arbeit ihr tut. Umso mehr kümmert er sich aber darum, wie ihr sie tut. Manche Menschen haben viele verschiedene Begabungen. Manche haben nur eine einzige Gabe. Gott zählt nicht nach, was ihr habt, aber er sieht darauf, was ihr mit dem macht, was ihr habt. Er schaut auf die Treue.

Wenn eure Arbeit »wiedergeboren«, d.h. neu geworden ist, beginnt alles sich zu ändern. Salomo schreibt: »So habe ich nun das gesehen, dass es gut und fein sei, wenn man isst und trinkt und guten Mutes ist bei allem Mühen, das einer sich macht unter der Sonne in der kurzen Zeit seines Lebens, die ihm Gott gibt; denn das ist sein Teil. Denn wenn Gott einem Menschen Reichtum und Güter gibt und lässt ihn davon essen und trinken und *sein Teil nehmen und fröhlich sein bei seinem Mühen*, das ist eine Gottesgabe. Denn er denkt nicht viel an die Kürze seines Lebens, weil Gott sein Herz erfreut« (Pred 5,17-20).

Gottlose Arbeit zu einer solchen machen, die von Gott bestimmt ist

Rogers und King schlagen neun christliche Regeln vor, die man anwenden kann, wenn die eigene Arbeit absolut nichts mit Christentum zu tun hat:

- Respektiert eure Vorgesetzten.
- Versucht, gegenseitige Achtung und Vertrauen unter euren Mitarbeitern aufzubauen.
- Versucht, mit anderen in Frieden und Harmonie auszukommen.
- Tut anderen Gutes und behandelt sie, wie sie es erwarten.

- Vergebt denen, die euch beleidigen.
- Seid barmherzig gegenüber anderen.
- Beweist euren Mitarbeitern eure Liebe, indem ihr euch um ihre Bedürfnisse in praktischer Weise kümmert.
- Seid hilfsbereit.
- Stellt euch darauf ein, nett zu anderen Leuten zu sein. Jesus befahl uns sogar, das zu tun: »Liebt eure Feinde; tut wohl denen, die euch hassen; segnet, die euch verfluchen; bittet für die, die euch beleidigen ... Und wer dir den Mantel nimmt, dem verweigere auch den Rock nicht ... Und wenn ihr die liebt, die euch lieben, welchen Dank habt ihr davon? Denn auch die Sünder lieben ihre Freunde. Und wenn ihr euren Wohltätern wohltut, welchen Dank habt ihr davon? Denn die Sünder tun dasselbe auch« (Lk 6,27-33).
- Betet – für euch selbst, für eure Arbeit und für andere, die mit euch arbeiten.

In meinem Sprechzimmer begegnete ich einer Frau aus unserer Gemeinde, die im Fernsehen, im Rundfunk und in Seminaren Lehrvorträge darüber hält, wie man Gottes Willen im Hinblick auf eine Karriere und seinen Frieden in der eigenen Arbeit erkennt. Ihr Dienst wurde schon von etwa zehntausend Menschen in Anspruch genommen, die meisten von ihnen waren Christen.

»Keiner von ihnen«, berichtete sie traurig, »kein Einziger hat gesagt, dass er (oder sie) darum gebetet hatte, welchen Job sie wohl übernehmen sollten.«

Im nächsten Kapitel:
Wie euer Geld euch glücklich machen kann.

7.
Heiliges Geld!

Wie euch euer Geld glücklich machen kann

Gato, unsere Katze, hat alles Zuckerwasser aus dem Ständer unseres Weihnachtsbaums ausgeschlürft. Der »Immergrüne« ist nicht mehr. Er ist jetzt trocken und dürr, fast braun. Wieder ist eine Festzeit zur Geschichte geworden.

Tatsächlich haben wir Silvester. David und Jill, eben jetzt kriechen eure beiden Fahrzeuge wie winzige Flecken über die wüste, zerklüftete Landschaft Arizonas zurück zur Pazifikküste.

Ja, es sind tatsächlich *zwei* Fahrzeuge. Ihr seid vor einem Jahr nach Kalifornien gezogen. Und nun musstet ihr einen Anhänger mieten, um noch *mehr* Möbel und anderes Umzugsgut in eure kleine Wohnung zu holen. Da bist du nun, David, und fährst allein in dem kleinen orange-weißen Mini-Laster. Und da bist du, Jill, allein in deinem Vehikel – acht aufreibende Stunden. Das Wissen um das, was ihr vor euch hattet, ließ euch nachdenken – über … kleine *Sprechfunkgeräte*!

Natürlich, das brauchtet ihr jetzt!

Ein paar Minuten, bevor ihr unser Haus verlassen habt, hast du, David, vorgeschlagen: »Warum holen wir uns nicht noch zwei Sprechfunkgeräte?«

»Was kosten sie? Fünf Dollars?«, fragte Jill unschuldig.

Wir beide, du, David, und ich (und ich fühlte deinen Herzschlag dabei), antworteten fast gleichzeitig: »Nein, eher dreißig oder vierzig Dollar!«

»Das ist viel!« Jill schnappte nach Luft. »Und, David, wir wollten eigentlich schon vor zwei Stunden fahren«, wandte sie jetzt noch ein. »Wir haben keine Zeit mehr, um noch einkaufen zu gehen.«

Schweigen.

Ich konnte es auf deinem Gesicht ablesen, David. Du dachtest: »Das war jetzt eine schlechte Idee.« Es war der Ton ihrer Stimme, nicht wahr, David? Du wusstest, das war jetzt »das Ende der Diskussion«. Du würdest für längere Zeit nicht mehr an Sprechfunkgeräte denken. Wahrscheinlich nicht vor nächste Weihnachten.

Es geht oft um kleine Dinge wie diese. Aber manchmal auch um große wie: ob man das Auto abbezahlt oder es in Zahlung gibt für einen von diesen schnittigen Jahreswagen. Noch größer ist das Objekt, wenn es um das Mieten eines Apartments in einer Wohnanlage oder um den Kauf eines Hauses geht. Es geht auch darum, wie viel Geld man ausgeben will für

- Kleider,
- Musik,
- Videos,
- Möbel,
- elektronische Geräte,
- Computer-Software,
- Essen im Restaurant,
- Sportausrüstung,
- Urlaub,
- und ... dann noch um die Angst und Spannung, die das alles mit sich bringt.

Wenn es zu kaufen ist, brauchst du es auch

Als ich letztes Jahr in der Gemeinde über Haushalterschaft sprach, habe ich doch tatsächlich Mutti dazu gekriegt, dass sie über die »zehn wichtigsten Punkte« beim Einkaufen sprach und das als Bestandteil in meine Predigt einbaute.

Wie sehr Mutti das Einkaufen liebt (ich habe nicht gesagt: Geld *ausgeben*, nicht wahr?) und wie sehr sie es *hasst*, in der Öffentlichkeit zu sprechen, ist in der Gemeinde weit reichend bekannt. Als sie das Podium betrat, gab es daher rauschenden Beifall.

»Die zehn wichtigsten Punkte, die ich meinen Mann im Hinblick auf Geld gelehrt habe«, so begann sie.

»Nr. 10: Hole dir die Dinge heute, morgen könnten sie weg sein.

Nr. 9: Wenn es zu kaufen ist, brauchst du es auch.

Nr. 8: Du kannst es auf alle Fälle immer zurückgeben.

Nr. 7: Es gibt so viele Supermärkte, Geschäfte, Läden und Boutiquen und so wenig Zeit.

Nr. 6: Wenn du es mit der Kreditkarte bezahlst, hast du nicht wirklich Geld ausgegeben.

Nr. 5: Es gibt nichts Vergleichbares zu zwanghaftem, geradezu leidenschaftlichem Kaufen.

Nr. 4: Einkaufen ist eine patriotische Angelegenheit. Es tut der Wirtschaft gut.

Nr. 3: Solange du Schecks hast, muss noch Geld auf dem Konto sein.

Nr. 2: Wenn du dir etwas wünschst, verdienst du es auch.

Nr. 1: Wenn du von einem Einkaufszentrum zum andern gehst – falls der Schuh passt, dann kauf ihn!«

Außer bei Nr. 8 entspricht bei Mutti kein einziger Punkt der Wahrheit. Aber traurigerweise muss man sagen, dass diese Liste bezeichnend dafür ist, wie viele Leute über Geld denken und wie sie damit umgehen. Vielleicht könnte man diese Punkte die »Zehn Gebote des Konsumenten« nennen.

Streit wegen Geld

David und Jill, wisst ihr, dass Geld-Streitigkeiten als Ursache Nr. 1 bei Ehekonflikten angesehen werden? Es ist erst ein paar Jahre her, dass Robert Wuthnow ein Aufsehen erregendes Buch veröffentlichte: »God and Mammon in America« (Gott und der Mammon in Amerika). Das Buch basierte auf einer Fünf-Jahres-Studie. Es ging um religiöse und ökonomische Überzeugungen unter einer repräsentativen Zahl von mehr als 2000 Angehörigen der Arbeitnehmer in den USA.

Unter anderem fand Wuthnow heraus, dass 88 % der Befragten mehr oder weniger beunruhigt waren bei dem Gedanken, dass sie nicht genug Geld zur Verfügung hätten. Und 72 % hatten mehr oder weniger Sorge, dass sie ihre Rechnungen nicht bezahlen könnten. Über 70 % gaben zu, dass sie Angstgefühle hätten, wenn es um geldliche Entscheidungen ginge, und mehr als die Hälfte bekannte, dass sie sich einigermaßen schuldig fühlten wegen Dingen, für die sie Geld ausgegeben hatten.

Vielleicht ist das bedeutsamste Ergebnis, wenigstens von meiner Perspektive aus gesehen, dass zwei von drei Personen (einschließlich zwei von dreien, die regelmäßig die Kirche besuchen) mit der Aussage übereinstimmten: *»Geld ist die eine Sache, Moral und Wertvorstellungen sind etwas völlig anderes.«*

David und Jill, das ist das Problem. Die Leute kapieren es bloß nicht – dass die Frage, wie man mit Geld umgeht und es ausgibt, nichts mit Geld an sich zu tun hat, aber sehr viel mit den Wertvorstellungen unseres Lebens. Chris Wolfard – ihr kennt den Geschäftsführer unserer Gemeinde und langjährigen persönlichen Freund von uns – sagt dazu: *»Die Art, wie du dein Geld ausgibst, offenbart deine Religion.«*

Wenn das nicht wahr wäre, wenn es keine Beziehung zwischen Geld und Moral gäbe, warum regen sich die Leute dann so über die Steuern auf oder über die Art, wie die Regierung unsere Steuergelder ausgibt? Ihr könnt es doch überall hören, oder? »Es ist *unmoralisch*, wie die Regierung unser hart verdientes Geld verschwendet!«

Oder vielleicht auch, wie die Kirche mit dem Geld umgeht?

Oder wie der Ehepartner mit dem Geld umgeht? Wenn man dann hören kann: »*Ich* bin der Brotverdiener in dieser Familie und *ich* entscheide, wie das Geld ausgegeben wird, nicht du.«

Gebt es ruhig zu: wie ihr euer Geld verplant ... oder es ausgebt ... oder es verschwendet ... oder es spart und investiert, richtet sich nach dem, wie ihr innerlich dazu steht. Die Liebe zum Geld ist, wie die Bibel sagt, die Wurzel alles Bösen. Wie ein magischer Schlüssel schließt das Geld die geheime Liebe im Herzen eines Menschen auf. Geld ist mit Macht und Kontrolle verknüpft, mit dem, was den Menschen wirklich wichtig ist. Darum ist Geld ohne Selbstbeherrschung selbstzerstörerisch, sogar süchtig machend, und darum ist es so äußerst notwendig, Geld wegzugeben.

Das Gummibärchen-Prinzip

Im letzten Jahr erschien ein Buch von Nancy Gibbs unter dem Titel »Emotionale Intelligenz«, das eine Titel-Story im Magazin »Time« abgab. Nancy Gibbs schreibt: »... ein Wissenschaftler kann in die Zukunft schauen, wenn er ein vierjähriges Kind dabei beobachtet, wie es mit Gummibärchen umgeht. Der Forscher lädt die Kinder eins nach dem andern ein, einen leeren Raum zu betreten. Dort beginnt er mit einer freundlichen Tortur. ›Ihr könnt dieses Gummibärchen sofort bekommen, wenn ihr wollt‹, sagt er. ›Aber wenn ihr wartet, bis ich wiederkomme, während ich noch eine Besorgung mache, bekommt ihr zwei Gummibärchen.‹ Dann geht er.«

Einige der ›gequälten Versuchspersonen‹ schlingen das Gummibärchen bereits in den Sekunden herunter, wenn die Tür sich schließt. Andere warten – ganz clever lenken sie sich mit Singen oder Wegschauen ab oder schlafen sogar ein. Wenn der Forscher zurückkommt, werden die Geduldigen belohnt. »Und dann«, so berichtet Nancy Gibbs, »wartet die Wissenschaft darauf, dass diese groß werden.«

Was man da entdeckt hat, fällt nicht unmittelbar auf. »Eine Umfrage bei den Eltern und Lehrern der Kinder ergab, dass diejenigen, die im Alter von vier Jahren die innere Stärke besaßen, bis zu den zwei Gummibärchen zu warten, im Allgemeinen später besser mit dem Leben zurechtkamen. Sie wurden beliebtere, abenteuerlustigere, sicherere und zuverlässigere Teenager.

Die Kinder, die der Versuchung schnell nachgaben, waren später eher einsam, leicht frustriert und eigensinnig. Und als einige der Schüler den akademischen Eignungstest mitmachten, lagen die Kinder, die länger warten konnten, durchschnittlich 210 Punkte höher in der Bewertung.«

Der Physiologe Peter Salovey von der Universität Yale und John Mayer von der Universität von New Hampshire prägten einen

Begriff, um dieses Verhalten zu beschreiben: *Emotionale Intelligenz* oder *EQ*. Und das neue Buch von Daniel Goleman von der Universität Harvard »Emotionale Intelligenz« wurde geschrieben, um neu zu bestimmen, was klug sein bedeutet. Golemans These lautet: Erfolg basiert weniger auf dem IQ als auf Fähigkeiten, das Leben zu bewältigen – *charakterlichen Qualitäten*. Der Artikel in Time fährt fort mit der Feststellung, *dass fehlende emotionale Fähigkeiten vielleicht der Grund dafür sind, dass mehr als die Hälfte aller Ehen mit Scheidung enden*.

Es ist eine Frage der charakterlichen Strukturen!

Und es ist eine Sache des Herzens!

Selbst ein »weltliches« Buch wie »Money Doesn't Grow On Trees« (Geld wächst nicht auf Bäumen), in dem es darum geht, Kinder über den Umgang mit Geld zu belehren, erkennt die emotionale Macht des Geldes an: »Während die umfangreiche Literatur über Erziehung sich mit einer Menge von Gebieten befasst, ist es merkwürdig, dass *kein einziges Buch* eine besonders wichtige Fähigkeit anspricht, die ein Kind in seinem Ewachsenenleben jeden Tag benötigt: den Umgang mit Geld. Der Grund dafür? Die überwältigende Mehrheit der Amerikaner – manche behaupten bis 80 % – kann selbst nicht mit Geld umgehen. Wie Geld funktioniert und, was noch wichtiger ist, was es für die Person bedeuten kann, die es benutzt, ist für viele, viele sonst intelligente Menschen ein Mysterium ...

Zweitens: *Geld ist ein emotional aufgeladener Stoff*. Es ist (laut Bibel) ›die Wurzel allen Übels‹, ein Instrument der Macht, eine Waffe, um andere zu beherrschen. Geld beschwört solche starken Emotionen herauf, dass man es als Scheidungsgrund Nr. 1 im ganzen Land einschätzt.«

Zunehmende Konkursverfahren und unbegreifliche nationale Schulden

Inzwischen sind amerikanische Familien weithin in Schulden verstrickt. Ein kürzlich erschienener Leitartikel in der Zeitung von Phoenix warnte: »Die Kreditspiralen bewegen sich auf ein Desaster zu: Beratungsdienste fürchten, dass das ›Kartenhaus‹ zum Zusammenbruch verurteilt ist.« Nach einem Beratungsdienst für Kundenkredite hier in Phoenix ist das persönliche Einkommen seit 1992 um 17 % angestiegen, die Kundenkredite aber um 36 %.

In diesem Jahr haben die Menschen hier mehr Schulden denn je, über 400 Milliarden Dollar, aber sie leihen und schulden immerfort noch mehr. Es gibt eine Milliarde Kreditkarten in den USA, das sind fünf für jeden Erwachsenen! Und 19 % des verfügbaren Einkommens geht auf Abzahlungen für Kundenkredite drauf – und für Zinsen.

Allein in Phoenix stieg die Zahl der Konkurse von 1995 bis 1996 – in nur einem Jahr – um 41 %.

Entweder beherrscht ihr euer Geld oder das Geld beherrscht euch. Man kann es auch anders ausdrücken: Entweder regiert in eurem Leben, was in eurem Innern steckt, oder ihr wählt euch einen Meister, der euch hilft, euer Inneres zu kontrollieren.

Geld hat eine Menge mit Sexualität und Arbeit gemeinsam. Es ist eine geistliche Angelegenheit. Doch Robert Wuthnow stellte fest, dass nur eine von drei Personen der amerikanischen Arbeitnehmer einen einzigen Gedanken auf die Verbindung zwischen religiösen Werten und ihrem persönlichen Finanzgebaren verschwendet. Das heißt, zwei Drittel kümmern sich nicht darum.

Wenn Geld keinen geistlichen Aspekt hat, warum laufen dann unsere vielen Billionen Dollar nationaler Schulden und die Rekordhöhe an persönlicher Verschuldung scheinbar parallel zu unserer nationalen und persönlichen Ablehnung Gottes?

Verjagt ihr Gott vom Arbeitsplatz, bleibt nur der *Fluch* übrig. Der Job wird dann zu eurem Gott.

Vertreibt Gott aus eurem Sexualleben, dann bleibt ein *Fluch auf dem Sexualleben.* Sexualität nur um des Vergnügens willen wird euer Gott.

Lasst Gott außerhalb eurer Geldgeschäfte stehen, dann könnt ihr *euer Geld verfluchen.* Euer Reichtum wird dann zu eurem Gott.

Verstoßt Gott aus eurem Herzen und dann *verflucht ihr euch selbst.* Eure Begierde wird euer Gott.

Ihr habt die »Gummibärchen« bekommen, und ihr habt sie jetzt.

Geld! Es ist eine enorme Sache. Ihr sprecht besser ausführlich und offen darüber. Ihr müsst euch der Tatsache voll bewusst sein, dass eure unterschiedlichen Auffassungen und persönlichen Gefühle im Hinblick auf Geld in der Intensität eurer Liebesbeziehung nicht einfach wegschmelzen. Realistisch betrachtet werdet ihr wahrscheinlich niemals vollkommen übereinstimmen, wie ihr mit Geld umgehen wollt, und wofür ihr jeden Dollar ausgeben wollt. Aber ihr könnt euch darüber einig werden, dass ihr miteinander reden und euch Zeit nehmen wollt, alles gründlich durchzudenken und euch beraten zu lassen, wenn ihr irgendwo festhängt. »Geld ist nicht schlimmer als Elektrizität«, schreiben Godfrey und Edwards. »Beide können enormen Kummer und Zerstörung anrichten. Der Benutzer entscheidet über die Auswirkung.«

David und Jill, der persönliche Umgang mit Geld ist nicht gerade meine Spezialität, aber ich habe ein paar kurze Ratschläge. Wenn ihr mir zuhört und sie beherzigt, werdet ihr den meisten jungen Paaren im Hinblick auf Geld einiges voraus haben.

Erstens: Setzt ein Familien-Budget fest.

Leider geschieht das in Amerika nur in einem von vier Haushalten – nach einer Studie, die kürzlich von Visa, USA, erstellt wurde. *Diese anderen planten nicht von vornherein ihr Versagen ein … sie versagten, weil sie nicht planten.*

Dazu findet sich in der Bibel eine starke Aussage: »… und müssest hernach seufzen, wenn dir Leib und Leben vergehen, und sprechen: ›Ach wie konnte ich die Zucht hassen, und wie konnte mein Herz die Warnung verschmähen, dass ich nicht gehorchte der Stimme meiner Lehrer und mein Ohr nicht kehrte zu denen, die mich lehrten! Ich wäre fast ganz ins Unglück gekommen vor allen Leuten und allem Volk« (Spr 5,11-14).

O ja, ihr benötigt ein Haushaltsbudget.

Ein Budget ist ein kluger Plan, der darlegt, was ihr mit eurem Geld machen wollt. Ein Budget versetzt euch in die Lage, das zu bezahlen, was ihr braucht, und für das zu sparen, was ihr euch wünscht. Nach Godfrey und Edwards macht ein Budget einem Menschen jeden Alters Mut, die Konsequenzen seiner Ausgaben zu überblicken und den Drang nach Sofort-Befriedigung, den wir alle haben, zu beherrschen – das Prinzip im Test mit den Gummibärchen.

Der Vorteil eines persönlichen Budgets

Mein guter Freund und Kollege Bob Blayton hält Vorträge über finanzielle Freiheit. Er legte eine Liste der Vorteile eines Budgets vor. Ich habe sie leider unter schwierigen Bedingungen kennen lernen müssen, David und Jill. Ich entdeckte zu meinem Leidwesen: je mehr Geld Mutti und ich verdienten, desto weniger waren wir in der Lage, damit richtig umzugehen. Es lief immer nach der Masche: Oh, das können wir abbezahlen. Das können wir uns leisten.

Das Nächste, was mir auffiel, war, dass wir fast 5 000 Dollar Schulden auf unserer Kredit-Karte hatten und noch eine Menge bei anderen Dingen. Ich merkte, dass ich in die zwielichtige Zone der Verbraucherschulden hineintappte und schlüpfte eines Tages in Bobs Büro. Ich bat ihn, mir etwas von seinem berühmten System der Haushaltsplanung zu erzählen.

Er tat es. *Wir* nahmen die Sache zusammen unter die Lupe. Es klappte, und ich bin nun ein lebender Beweis dieser »sechs Vorteile« einer Budget-Planung.

Vorteil Nr. 1: Ein Budget vermittelt euch die Disziplin, kein Geld auszugeben. Der Haushaltsplan kontrolliert in Wirklichkeit nicht euer Geld, sondern euch. Oder er ist wenigstens ein schützendes Geländer auf der atemberaubenden Straße von Angeboten und Super-Angeboten.

Bob Blayton fragt seine Seminarteilnehmer gern: »Wenn ihr irgendwo ein Verkaufs-Angebot seht, sagen wir ... 60 % Rabatt – nur noch einen Tag –, kauft ihr dann, auch wenn ihr kein Geld mehr im Budget zur Verfügung habt?« Wenn ihr darauf ›ja‹ sagt, kann euch das beste Budget in der Welt nicht helfen. Wenn ihr aber innerlich die richtige Einstellung habt und wisst, dass zwei Gummibärchen später besser sind als jetzt im Augenblick eins – dann, ja, dann hat das Budget einen Sinn.

Vorteil Nr. 2: Ein Budget gibt euch die Freiheit, Geld auszugeben. Es ist wie ein 100-Dollar-Schein in einer Weihnachtskarte. Es ist freies Geld, Geld, das man ausgeben darf, Geld für das *Einkaufszentrum* – Geld nur zur *Freude*! Wann habt ihr jemals Geburtstags- oder Weihnachtsgeld benutzt, um eine Rechnung damit zu bezahlen?

Im Gegensatz dazu: wenn ihr keinen Haushaltsplan habt, seid ihr niemals sicher, ob ihr dieses kaufen oder euch jenes leisten könnt. »Sich leisten« gehört dann gar nicht zu eurem Wortschatz. Es geht mehr nach der Melodie: »*Benötigen* wir das unbedingt? *Wünschen* wir uns das wirklich?« Und dann hinterlässt das Einkaufen immer einen Anflug von Schuldgefühl. Manche Menschen sind regelrecht erfüllt davon.

Ein Budget lässt das Einkaufen zur Freude werden. Man kann sich tatsächlich auch wohl fühlen beim Geldausgeben, weil man es mit Bedacht und Sorgfalt tut. Auf diese Weise kann euer Geld euch auch glücklich machen!

Vorteil Nr. 3: Ein Haushaltsplan wird die Zahl eurer Streitereien über Geld reduzieren, weil er euch beide zur Übereinstimmung zwingt, bevor ihr in die Situation kommt, wo es ums Sparen oder Ausgeben des Geldes geht. Es ist, als ob dieser gemeinsam erarbeitete Plan gewichtiger wird als ihr selbst. Wirtschaftsführer nennen das vielleicht ein »zielgerichtetes Budget«, im Gegensatz zu einem Budget, das »von einer Persönlichkeit oder von persönlichen Interessen bestimmt« wird.

Vorteil Nr. 4: Ein Budget wird euch in die Lage versetzen, eure Rechnungen zu bezahlen, so dass ihr dann für etwas anderes sparen könnt. Bemerkenswerterweise sind *Hunderte* von Familien aus unserer Gemeinde in zwölf bis vierundzwanzig Monaten aus dem Gefängnis ihrer Schulden entkommen, einfach, indem sie sich einen Haushaltsplan für die Familie aufgestellt und sich daran gehalten haben ... und dadurch, dass sie ein bisschen Befriedigung im »Jetzt« geopfert haben für Schuldenfreiheit zu späterer Zeit.

Ja, da ist es wieder – das »Zwei Gummibärchen für eins«-Prinzip.

Manche Leute jammern: »Ich habe gar nicht genug Geld für ein Budget. Ich verdiene nicht einmal genug Geld, um über die Runden zu kommen. Wenn ich mir jetzt einen Haushaltsplan aufstellen würde, würde mich das nur depressiv machen.«

Wenn ich jemals eine überflüssige Antwort gehört habe, dann diese. Einfach vorwärts gehen, immer weiter das Geld ausgeben ohne nachzudenken! Nicht darüber nachdenken! Das lässt alle eure Probleme verschwinden, nicht wahr? Früher oder später regelt sich alles schon! Stimmt's?

Falsch!

Das ist »Vogel-Strauß-Politik« (ein anderes, zutiefst theologisches Konzept, das zum »Gummibärchen-Prinzip« passt): »Steck deinen Kopf nur in den Sand, und dann bemerkt keiner deinen riesigen, hässlichen ... ähm ... *Schuldenberg*!«

Die Dinge werden immer schlimmer statt besser, bis ihr euch entschließt, das Richtige zu tun.

Vorteil Nr. 5: Ein Budget hilft bei langfristiger persönlicher Finanzplanung. Nach der schon erwähnten Visa-USA-Studie, planen nur zwei von zehn Personen auf mehr als ein Jahr im Voraus.

Für die Wahrheit dieser Aussage kann ich mich auch persönlich verbürgen. Bevor wir ein Budget eingeführt haben – während ich mehr Geld verdiente als je zuvor –, hatten Mutti und ich auch keinen langfristigen persönlichen Finanzplan. Wisst ihr, warum? Weil wir alles Verfügbare dafür einsetzen mussten, unsere Kreditabzahlungen einzuhalten und dazu unsere kurzfristigen Darlehen abzuzahlen. Aber wir brachten es nicht fertig, unsere kurzfristigen Schulden zu bezahlen, weil wir ständig wieder Dinge kauften, ohne zu wissen, ob wir sie uns wirklich leisten konnten. Und wir wussten nicht, ob wir sie uns leisten konnten, weil wir kein Budget hatten. Es war ein *Teufelskreis.*

Unsere Ausgaben zu planen, versetzt uns in die Lage, den verhängnisvollen Kreislauf von Kredit und mehr Kredit und immer mehr ... zu unterbrechen. Zum ersten Mal hatten wir nach dem Aufstellen eines Familienbudgets innerhalb von knapp zwei Jahren einen langfristigen Finanzplan.

Vorteil Nr. 6: Ein Budget hilft euch, euer Scheckbuch ausgewogen einzusetzen. Das mag unbedeutend erscheinen, aber mein Budget hat meine Fähigkeit, ein korrektes Scheckbuch zu führen, entscheidend verbessert. Wie? Das ist eine sehr einfache Rechnung. Zwei Buchhaltungssysteme sind besser als eins. Ich werde euch zeigen, warum.

Auf den folgenden Seiten findet ihr einen einfachen Familien-Haushaltsplan für den Anfang. Wenn ihr Hilfe braucht, ruft eure Bank an. Sie sollten Angestellte haben, die euch in euren persönlichen finanziellen Angelegenheiten beraten. Wenn sie das nicht haben, dann wechselt die Bank!

Zweitens: Spart soviel wie ihr könnt.

Erinnert euch daran, dass ich euch ein paar grundsätzliche Ratschläge gab. Mehr als alles andere braucht ihr aber einen Haushaltsplan. Aber dann solltet ihr auch sparen, aus einer Menge guter Gründe heraus …

- Geld auf der Bank verleiht euch eine gewisse Flexibilität und Beruhigung.
- Es ist immer besser, bar zu bezahlen. Wenn ihr vorher spart, um euch etwas zu kaufen, das ihr braucht oder euch wünscht, dann bekommt *ihr* die Zinsen, nicht die Bank oder die Kreditkarten-Gesellschaft. Wenn ihr spart ist das als ob ihr an euch selbst etwas zahlt.
- Finanzplaner sagen, dass es wichtig ist, etwa sechs Monatseinkommen anzusparen, um sich gegen Arbeitslosigkeit oder Krankheit zu schützen.

  Es gibt auch eine Menge von guten Bibelzitaten über das Sparen von Geld:

  »Hastig errafftes Gut zerrinnt; wer aber ruhig sammelt, bekommt immer mehr« (Spr 13, 11).

Familien-Haushaltsplan

Monatliches Einkommen				gesamt
Bruttoeinkommen:				
Gehalt	______	Zinsen	______	
Dividende	______			
sonst. Einkommen	______			
./. Zehnter	______	Steuern	______	
		verfügbares Nettoeinkommen:		

Ausgaben				gesamt
Wohnen:				
Hypothek/Miete	______	Strom	______	
Versicherungen	______	Gas	______	
Steuern	______	Wasser	______	
Instandhaltung	______	Abwasser	______	
Sonstiges	______	Telefon	______	
Lebensmittel:				
Auto:				
Kaufpreis	______	Versicherung	______	
Benzin	______			
Zulassung/Steuern	______			
Wartung/Reparaturen/Ersatzteile			______	
Versicherungen:				
Lebensvers.	______	Krankenvers.	______	
andere Vers.	______			
Schulden:				
Kreditkarten	______	Darlehen/Bargeld	______	
Sonstiges	______	Sonstiges	______	

Ausgaben				gesamt
Unterhaltung/Erholung:				
Restaurantbesuche	______	Urlaub	______	
Babysitter	______	Freizeitaktivitäten	______	
Sonstiges	______	Ausflüge	______	
Kleidung:				
Sparkonten:				
Medizinische Ausgaben:				
Arztzusatzkosten	______	Medikamentenzuzahlung	______	
Zahnarztzusatzkosten	______	Sonstiges	______	
Verschiedenes:				
Kosmetik			______	
Friseur/Schönheitspflege			______	
Wäsche/Reinigung			______	
Zeitschriften/Abonnement			______	
Taschengeld/Kantinenkosten			______	
Bargeld			______	
Geschenke (einschließlich Weihnachten)			______	
Sonstiges			______	
Schule/Kindergarten:				
Verkehrsmittel	______	Unterricht	______	
Tagesmutter	______	Material	______	
Investitionen:				
			Summe aller Ausgaben:	

Zusammenfassung: Einkommen gegenüber Ausgaben
Verfügbares Nettoeinkommen
./. Ausgaben
Überschüssiges freies Einkommen

»Im Hause des Weisen ist ein kostbarer Schatz an Öl; aber ein Tor vergeudet ihn« (Spr 21, 20). Mit anderen Worten: Ein Dummkopf lässt sich von seiner Sucht nach Sofortbefriedigung leiten.

Drittens: Gebt so viel ihr könnt von eurem Einkommen ab, wenigstens 10 %.

Es gibt ein Geheimnis, wie man seinem Budget treu bleibt. Es lautet: *Übergebt das Verfügungsrecht über euer Geld an Gott. Wenn Gott die Sache kontrolliert, seid ihr selbst Herr der Lage.* Macht Jesus zum Herrn über euer Scheckbuch.

Salomo schrieb: »Ehre den Herrn mit deinem Gut und mit den Erstlingen all deines Einkommens, so werden deine Scheunen voll werden und deine Kelter von Wein überlaufen« (Spr 3, 9-10).

Es ist ein Märchen, dass Gott euch alles wegnehmen will, weil er weiß, dass ihr niemals wirklich glücklich seid, bis ihr nichts mehr habt. Und das Anliegen der Gemeinde sei es, euch zum Geben zu veranlassen – geben so lange, bis sie all euer Geld hat, oder bis ihr von aller Selbstsucht frei seid, oder beides. Wahrscheinlich sogar beides.

In Wirklichkeit ist Geld ein Tauschmittel. Es gehört zum Leben. Gott will, dass ihr anerkennt, dass alles, was ihr besitzt, letztlich ihm gehört, und dass sorgfältiges Planen und großzügiges Umgehen mit eurem Besitz die Macht des Geldes in Grenzen hält. Wenn ihr die Kontrolle über euer Geld Gott überlasst, so sorgfältig mit euren Mitteln umgeht, als ob sie euch nicht gehörten (sie gehören Gott, Jesus ist der Herr), und gleichzeitig beschließt, auch großzügig zu spenden, *dann wird euer Geld euch glücklich machen.*

Wenn nicht, werdet ihr unglücklich sein und euer Elendsgefühl wird in dem Maß steigen, wie ihr diese Dinge handhabt.

Hört auf Jesus. Es leuchtet nicht sofort ein, ist aber wahr: »Geben ist seliger als nehmen« (Apg 20, 35). Geben ist immer besser für euch als Empfangen.

Nehmen wir einmal an, dass die Gemeinde ständig um Geld bettelt – und dass sie jeden gespendeten Dollar verschwendet. Meine bescheidene Meinung ist die: wenn Leute darüber reden, dass sie keine Lust haben, für die Gemeinde etwas zu geben – aus welchen

Gründen auch immer –, dann ist das nichts als eine lahme Entschuldigung, weil sie vermutlich nirgendwo irgendetwas spenden.

Tatsächlich wurde meine unmaßgebliche Meinung durch eine Studie der Stiftung »Lily Endwoment Fund« bestätigt, die feststellte, dass Mitglieder der Gemeinden zunehmend weniger von ihrem Einkommen für gemeindliche Zwecke geben, dafür aber Schulden auf sich nehmen, um mehr Luxusartikel zu kaufen. Außerdem stellte sich dabei heraus, dass die Spenden für überseeische Missionen seit 1987 um etwa 2 Milliarden Dollar abgenommen haben. Im Vergleich dazu geben Amerikaner 4 Milliarden Dollar für Hobbys, 32 Milliarden Dollar für Diätprogramme und 40 Milliarden Dollar für Urlaubsreisen aus.

Warum sind wir dann so unglücklich? Weil es weniger »selig«, gesegnet ist, zu nehmen statt zu geben. Ich fand die Überschrift über einem kleinen Artikel in unserer örtlichen Zeitung bemerkenswert: »Arzt verschreibt Spenden, um gesellschaftlich bedingte Krankheit zu heilen.« Der Artikel zitierte den Arzt Clifford Harris, der jahrelang Beiträge zu »United Way« lieferte und der sagte: »Es gehört zu unserer Verantwortlichkeit im Leben. Wir schulden alle den ›Zehnten‹. Wir sollten der Gesellschaft einiges zurückgeben, ohne darum gebeten zu werden – nein, man kann nicht immer nur nehmen. Man muss auch zurückgeben.«

Der »Zehnte« als Thema in einer Zeitung! Was geht in der Welt vor sich?

Der Zehnte? Was ist das?

Im Allgemeinen bedeutet der »Zehnte«, dass man *regelmäßig* und in *angemessener Weise* in der Gemeinde eine Spende gibt. »An jedem ersten Tag der Woche lege ein jeder von euch bei sich etwas zurück und sammle an, so viel ihm möglich ist, damit die Sammlung nicht erst dann geschieht, wenn ich komme« (1. Kor 16, 2).

Der »Zehnte« ist einfach eine Methode, unsere Spenden einzuplanen. Genauer gesagt, bedeutet es, 10 % des Einkommens (ich nehme an, des *Brutto*einkommens) vorzugsweise einer örtlichen

Gemeinde zu überlassen. Wenn es euch aus irgendeinem Grund unangenehm ist, den Zehnten einer Gemeinde zu geben, gebt ihn anderswohin. Aber gebt ihn. Riskiert es.

Wie das Aufstellen eines Budgets hat auch das den »Zehntengeben« vielfache Vorteile. *Erstens* bringt es Ordnung in das Chaos eurer persönlichen Finanzen. Wenn ihr denkt, dass ihr Mühe habt, mit eurem Einkommen auszukommen, und dabei keinen Zehnten gebt, glaubt mir, der Zehnte wird euch zwingen, ernsthaft darüber nachzudenken, wie ihr mit euerm Geld umgeht.

Der Zehnte ist Gottes Weg, mich zu veranlassen, mit 90 % meines Einkommens zu leben, so dass das, was mir bleibt, immer noch genug ist. Kreditkarten und ungerechtfertigte Schulden sind der Weg des Teufels, der mich dahin bringen will, von 110 % meines Einkommens zu leben, so dass ich niemals genug habe.

Ihr könnt euch den Zehnten nicht leisten? Hört mir zu: Ihr könnt es euch nicht leisten, ihn nicht zu geben. Mir ist *nie* jemand begegnet, der den Zehnten gab und sagte, er könne es sich nicht leisten oder bedaure, dass er ihn gezahlt habe, oder dass er damit einen finanziellen Engpass für sich ausgelöst habe. Andrerseits habe ich eine Menge Leute wegen des Zehnten jammern hören wie herrenlose Katzen, bevor sie den Versuch überhaupt machten – aus unbegründeten Ängsten.

Das bringt mich zum *zweiten* Vorteil den Zehnten zu geben: es führt zu einem geistlichen Wachstum. Beim Zehnten geht es letztlich nicht um Geld. Es geht nicht einmal um die Unterstützung der Kirche oder Gemeinde. Es geht um euer Herz. Gott will nicht euer Geld, er will das, was das Geld für euch repräsentiert.

Das Tiefgründigste, was ich jemals über Geld gelesen habe, ist eine Aussage des christlichen Schriftstellers Jacques Ellul in seinem Buch »Money and Power« (Geld und Macht): »Wir sollten darüber meditieren und jeden Sonntag bei der Kollektensammlung daran denken. Das Opfer ist nicht ein Akt der Zweckmäßigkeit, und wir sollten es auch nicht so ansehen, als ob wir damit die Gemeinde unterstützten. *Das Opfer, der Augenblick des Spendens, sollte für uns der Augenblick sein, in dem wir der Macht des Geldes abschwören und unsere Hingabe an den Herrn sichtbar werden lassen.*«

Der *dritte* Vorteil des Spendens könnte sein – ob ihr es glaubt oder nicht – : wenn alle Menschen den Zehnten gäben, könnte damit der Welthunger beseitigt werden. Ich las kürzlich, wenn die Mitglieder der Gemeinden ihre Spenden auf 10 % erhöhen würden, dann könnten die zusätzlichen Gelder die schlimmste Armut der Welt überwinden, was nach James Grant, dem Geschäftsführer von UNICEF, 65 Milliarden Dollar erfordern würde. Die 10 % würden das ermöglichen und noch weitere 17 Milliarden Dollar für inländische Bedürfnisse zur Verfügung stellen – wobei die üblichen gemeindlichen Aktivitäten nicht beeinträchtigt würden.

Viertens: den Zehnten zu geben ist ein Schlüssel zu unbegrenzten Segnungen. Es zieht Gott in einer bedeutsamen Weise auf eure Seite. Gott spricht in Maleachi 3, 8-12: »Ist's recht, dass ein Mensch Gott *betrügt*, wie ihr mich betrügt? Ihr aber sprecht: ›Womit betrügen wir dich?‹ *Mit dem Zehnten und der Opfergabe! Darum seid ihr auch verflucht*; denn ihr betrügt mich allesamt (die ganze Nation). Bringt aber die Zehnten in *voller* Höhe in mein Vorratshaus (die örtliche Gemeinde?), auf dass in meinem Haus Speise sei (gute Predigten und gute Seelsorge), und *prüft mich* hiermit, spricht der Herr Zebaoth, ob ich euch dann nicht des Himmels Fenster auftun werde und Segen herabschütten die Fülle.

Und ich will um euertwillen den ›Fresser‹ bedrohen (Steuern, Inflation und ein versagendes Sozialversicherungssystem), dass er euch die Frucht auf dem Acker nicht verderben soll (eure Zukunft nicht ruinieren) und der Weinstock auf dem Felde auch nicht unfruchtbar sei, spricht der Herr Zebaoth. Dann werden euch alle Heiden glücklich preisen (sie werden euer Geheimnis wissen wollen, werden es euch aber nicht glauben, wenn ihr sagt, dass es am Zehnten liegt), denn ihr sollt ein herrliches Land sein, spricht der Herr Zebaoth.«

Wir sind so sehr davon überzeugt, dass Gott auch meint, was er sagt, dass unsere Gemeinde den Leuten eine Garantie anbietet, ihnen nach neunzig Tagen ihr Geld zurückzugeben, wenn sie es ausprobieren wollen und es doch nicht stimmt.

Aber es klappt.

Jemand sandte mir den folgenden anonymen Brief. Es geht darin nicht unbedingt um den Zehnten, aber es ist ein wunderbares Beispiel eines Menschen, der verstanden hat, dass alles, was wir besitzen, Gott gehört:

»Beiliegend sende ich Ihnen meinen ersten Gehaltsscheck, die ›Erstlingsfrucht‹ meines neuen Arbeitsplatzes. Dieser Job war mir vom Herrn Jesus gewährt worden, nachdem viele Menschen dafür gebetet hatten – und letztlich durch die Gnade Gottes. Ich lobe Gott jeden Tag und danke ihm für diese und für viele andere Segnungen. Ich versprach Jesus mein erstes Gehalt, wenn ich angestellt würde, und obwohl dieser Job mir viel Freude macht und Hoffnung schenkt – der Höhepunkt meiner neuen Anstellung ist das Vorrecht, nun an Gott zurückzahlen zu können.«

Ich bete für euch, David und Jill, und für all die anderen jungen Paare, die dieses Buch lesen werden, dass auch bei euch der »Höhepunkt« eures Einkommens das Privileg sein wird, einen Teil davon an Gott zurückzugeben.

Nun, so viel also von meinen umfassenden Ratschlägen. Wenn ihr noch mehr an gründlicher Information braucht, empfehle ich euch, in einem örtlichen christlichen Buchladen nachzuschauen oder im Internet zu surfen. Schaut Larry Burketts Website an über www.cfcministry.org. Wie schon erwähnt, auch eure örtliche Bank sollte in finanziellen Dingen beraten können. Sie werden euch eine bedeutendere Kreditkarte für den Anfang geben, und da könntet ihr erwarten, dass sie euch in finanziellen Angelegenheiten helfen, dass ihr euren Verpflichtungen nachkommen und euern guten Ruf behalten könnt.

Im nächsten Kapitel:
Wie ihr die Grundlage dafür schaffen könnt, dass eure Ehe ein Leben lang hält.

8.

Superklebstoff

Gott an die erste Stelle setzen

Ein Ferienhaus voller Jungen der sechsten Klasse. – Und ich.

Für zwei Nächte im Oktober – David war einer der Feinde.

(Hat David dir diese Geschichte jemals erzählt, Jill?)

Als ich mich freiwillig dazu gemeldet hatte, als Betreuer ins Ferienlager von Davids Klasse mitzufahren, hatte man mir nicht gesagt, dass ich dabei allein sein würde.

Der Versuch, der große Kumpel und beste Freund deiner Kameraden zu sein, David, war ein schrecklicher Irrtum. Als eine harmlose Kissenschlacht unangenehm zu werden drohte, konnte ich mich nicht mehr beherrschen. Tief in meinem Innern hatte ich das schreckliche Gefühl, dass einer hier sterben musste, und ich sagte mir, dass ich das nicht sein wollte.

Umgeben von drei Mauern von Etagenbetten voller zwölfjähriger Jungen, die tödliche Gegenstände schleuderten, stand ich mitten in dem Strudel auf meinem wackeligen Lagerbett auf, setzte mein schlimmstes Gesicht auf und begann, aus aller Kraft zu schreien, was die Lungen hergaben. Ich bedrohte euch kleine Monster, als ginge es um Leben oder Tod.

Es war wie beim Jüngsten Gericht – ihr fürchtetet euch wie vor Gott. Vielleicht war es mehr wie eine Perversion wirklicher Gottesfurcht. Erinnerst du dich noch daran, dass du so erschreckt warst, dass du es nicht gewagt hast, aus dem Bett zu steigen und auf die Toilette zu gehen?

Bis heute bin ich dankbar, dass diese Jungen nicht wussten, dass dein Vater ein Pastor war, denn an jenem Abend bin ich mehr wie der Teufel aufgetreten als wie ein Mann Gottes.

Doch gewirkt hatte es. Die dunkle Stille danach war schrecklich. Und innerhalb weniger Minuten waren alle am Schlafen.

Was auch immer

Ich weiß nicht, wie er es macht, aber dein Onkel David unterrichtet jeden Tag Schüler aus der siebten Klasse – neun Monate im Jahr. Es ist noch nicht lange her, als er mir erzählte, dass viele seiner Schüler entsetzlich respektlos seien. Häufig, wenn er sie vor ihren Klassenkameraden korrigieren müsste, und sie sich um keinen Preis unter seine Autorität beugen wollten, wäre das Letzte, dass sie trotzig und kühl herausstießen: »Was auch immer!« Das sollte heißen: »Lehrer, ich höre dich, aber ich werde dir nicht die Befriedigung gewähren, dass ich dir zustimme. Niemals.«

Onkel David hat das nachdenklich gemacht. Er macht jetzt Spruchbänder für andere Lehrer der Schule, die sie in ihren Klassenräumen aufhängen können:

»›Was auch immer‹ bedeutet … der Lehrer gewinnt.«

Ich vermute, dass du es nicht gesehen hast, David, aber über dem neuen Eingangstor deiner alten Grundschule haben sie ein Schild angebracht: »Wir vertrauen auf den Respekt voreinander.« Du weißt, warum sie das tun mussten? Weil die Menschen sich dort nämlich mit Leidenschaft missachteten. Das ist einer der Gründe, warum wir deinen kleinen Bruder Matt auf eine andere Schule geschickt haben. Dort war im Klassenzimmer nur noch Chaos, und sein Lehrer, ein guter und einsatzfreudiger Mann, schien machtlos zu sein, da eine Änderung herbeizuführen.

Heute bist du ein Sozialwissenschaftler. Ein Meinungsforscher mit umfassenden Kenntnissen. Deshalb brauche ich dir eigentlich nichts von Statistiken zu sagen – wie viele Studien gezeigt haben, dass das Zerbrechen der Familie der Hauptgrund für unsere unüberwindlichen sozialen Probleme ist. Doch wenn Politiker über Wertvorstellungen reden, dann hat ihre Rhetorik überhaupt keinen festen Bezugspunkt, und das aus einem viel ernsteren Grund: wegen der vorherrschenden *Gottlosigkeit*. Wir haben in Wirklichkeit keine moralische Krise in Amerika. Wenigstens ist das nicht der Kern unserer Probleme. Unser wirkliches Problem ist eine Krise der Gottesbeziehung.

Ein gottloses christliches Zuhause

Mit »gottlos« meine ich nun nicht das Schlimmste, was man sich an Bösem vorstellen kann, obwohl Gottlosigkeit und Böses ganz sicher Hand in Hand gehen. Ich verstehe »gottlos« in dem Sinn, dass Gott in unseren öffentlichen Institutionen und im Zuhause von so vielen einfach nicht mehr vorkommt. Selbst »christliche« Familien können gottlos sein. Ihr könnt sagen, dass ihr an Jesus glaubt, und ihr könnt treu zum Gottesdienst gehen, und dabei lebt ihr euer Leben genauso, wie alle anderen Menschen um euch herum auch. Als ob es in Wirklichkeit gar keinen Gott geben würde.

»Wohl dem, der nicht wandelt im Rat der Gottlosen,
noch tritt auf den Weg der Sünder,
noch sitzt, wo die Spötter sitzen,
sondern hat Lust am Gesetz des Herrn
und sinnt über seinem Gesetz Tag und Nacht«
(Ps 1,1-2).

Gottlose Menschen fällen ihre Entscheidungen und leben ihr Leben, als ob es keinen Gott geben würde. Genau in diesem Sinn definiert die Bibel das Wort »Tor« (Dummkopf): »Die Toren sprechen in ihrem Herzen: ›Es ist kein Gott‹« (Ps 14,1).

Nach der Bibel ist ein »Tor« nicht das Gleiche wie ein »Idiot«. Es ist auch nicht einer, den philosophische Fragen über die Existenz Gottes bewegen. Die Bibel schleudert uns auch nicht entgegen: »Ein Atheist ist ein Narr.« Stattdessen weist Gottes Wort uns auf die Auswirkungen eines Lebens ohne Gott hin. Und wie sehen diese aus? In Psalm 14,1-3 heißt es:

»Sie taugen nichts; ihr Treiben ist ein Gräuel;
da ist keiner, der Gutes tut.
Der Herr schaut vom Himmel auf die Menschenkinder,
dass er sehe, ob jemand klug sei
und nach Gott frage.
Aber sie sind alle abgewichen
und allesamt verdorben;
da ist keiner, der Gutes tut, auch nicht **einer**.«

»Gottlos« bedeutet: Familie, Arbeit und Freizeit ohne Gott. Ohne Anerkennung der Gebote Gottes. Ohne einen Ankergrund. Das Gegenteil ist »Gottesfurcht«. Diesen Begriff haben wir zu Hause niemals gebraucht. Er klingt etwas altmodisch. Aber so bezeichnen die Leute gewöhnlich andere Menschen, die edel und verantwortlich handeln. »Das sind sicher noch welche, die mit *Gott* rechnen und ihn *fürchten.*«

Ich habe die schlichte Überzeugung, dass gottesfürchtige Menschen der Hauptgrund waren, warum das Leben früher geordneter verlief, die Menschen sich gegenseitig mehr achteten, die Kinder in öffentlichen Schulen weniger gewalttätig waren und Scheidungen seltener. Aber …

»Höret, ihr Israeliten, des Herrn Wort!
Denn der Herr hat Ursache, zu schelten,
die im Lande wohnen;
denn es ist keine Treue, keine Liebe und
keine Erkenntnis Gottes (die Ursache) im Lande,
sondern Verfluchen, Lügen, Morden,
Stehlen und Ehebrechen
haben überhand genommen,
und eine Blutschuld kommt nach der andern«
(Hos 4,1-2).

Das klingt doch gerade, als ob es über Amerika geschrieben wäre, nicht wahr? Gottlos – nicht gottesfürchtig – treibend in einem Meer von Sünde, Gewalt und zerbrochenem Leben. In scharfem Kontrast dazu ist die »Furcht des Herrn« im Alten Testament eine Definition wahrer Religion und das, was die Menschen veranlasst, den Geboten Gottes zu gehorchen.

Eine der aussagekräftigsten Stellen des Alten Testamentes bestätigt das: »Dies sind die Gesetze und Gebote und Rechte, die der Herr, euer Gott, geboten hat, dass ihr sie lernen und tun sollt in dem Lande, in das ihr zieht, es einzunehmen, damit du dein Leben lang den Herrn, *deinen Gott, fürchtest* (wie lange?) und alle seine Rechte und Gebote hältst, die ich dir gebiete, du und deine Kinder und deine Kindeskinder, auf dass du lange lebest. Israel, du sollst es hören und festhalten, dass du es tust, auf dass dir's wohlgehe und du groß an Zahl werdest« (5. Mose 6,1-3).

Es ist noch nicht lange her, dass ich mir das Buch der Sprüche Salomos noch einmal vorgenommen habe. In einem meiner Kommentare fand ich zu »Gottesfurcht«: Sie bezieht sich einerseits auf die Ehrfurcht, die Menschen in der Gegenwart Gottes empfinden, und andrerseits auch auf *den Respekt, die Achtung, die sie den Absichten und Lehren Gottes entgegenbringen.* Wenn ihr andere in einer gesunden Weise fürchtet, achtet ihr sie auch. Und wenn ihr sie achtet, beachtet ihr auch, was sie zu sagen haben.

Sanfte und unterwürfige Ehemänner

Was bedeutet das nun alles für euch, David und Jill?

Epheser 5 ist die am meisten zitierte Stelle aus der Bibel im Hinblick auf das christliche Heim. In Vers 25 befiehlt Paulus dir, David, Jill zu lieben wie Jesus seine Braut, die Gemeinde liebt.

Und Jill, Vers 22 ist nur ein bisschen umstritten: »Ihr Frauen, ordnet euch euren Männern unter wie dem Herrn« ... *in allem.* Ich bin dein Schwiegervater, deshalb möchte ich diese Stelle nicht überbetonen.

Tatsächlich besteht das Geheimnis einer glücklichen Ehe auch nicht in einer sanften und total unterwürfigen Frau. Es geht vielmehr darum, dass *zwei* Menschen sich einer dem andern unterordnen. Daher kommt es auch, dass Paulus sich selbst bei dem Streit um die Unterordnung an erster Stelle nennt. Bevor er ein Wort verliert über das Unterordnen der Frauen unter die Männer und die Liebe der Männer zu ihren Frauen, stellt er das vorrangige Prinzip dar: »Ordnet euch einander unter in der Furcht Christi« (Eph 5, 21).

Der Sinn dieses Verses ist klar, aber es gibt eine Anzahl anderer Übersetzungen, die es noch offensichtlicher verdeutlichen: »Aus Respekt gegenüber Christus seid liebenswürdig und ehrerbietig gegen andere.« Und: »Passt euch einander an aus gemeinsamer Ehrerbietung gegenüber Christus.«

Ich kann mich leider nicht mehr daran erinnern, ob ich über diesen Vers im vergangenen Dezember bei eurer Hochzeit gesprochen habe. Ich wollte damals etwas Einmaliges sagen, weil ich Epheser 5, 21 fast bei jeder anderen Trauung angeführt habe, die ich hielt. »Ordnet euch einander unter aus Ehrfurcht vor Christus.« Ich habe einem Paar nach dem anderen gesagt, dass dieser Vers aus zwei Gründen den Superklebstoff einer Ehe darstellt. Der erste Grund heißt: nachgeben.

Aber ... Aber ... Aber!!!

Gerade gestern Abend sahen dein Bruder Matt und ich im Kabel-Kanal »Discovery« einen Film über australische Dingos. In einem Filmausschnitt wurden zwei der Tiere gezeigt, wie sie mit den Zähnen jeder an einem Ende die Überreste eines armen Kaninchens packten, das ihnen als Beute zugefallen war. Im Handumdrehen war dieser Rest in zwei noch mehr zerfetzte Stücke zerrissen.

Es war eine widerliche Szene, die mich an die Menschen denken ließ. Zähne zusammenbeißend, knurrend, sich weigernd, ihr Ende des toten Kaninchens loszulassen.

»Ordnet euch einander unter«, sagt die Bibel.

Während ich über Tiergeschichten nachdenke, hörte ich einmal von einer besonderen Art von Schneeziegen. Wenn zwei dieser sturen Hochlandtiere sich auf einer steilen Klippe begegnen, ohne sich ausweichen zu können, starren sie sich eine Weile kaltblütig an, stoßen mit den Köpfen aufeinander ein, und dann legt sich eine der Ziegen tatsächlich auf dem schmalen Pfad hin und erlaubt der anderen, über ihren völlig ausgelieferten Körper hinwegzugehen. Auf diese Weise kommen beide schließlich an das Ziel, das sie angestrebt hatten.

»Ordnet euch einander unter …«

Aber … Aber …!!!

Aber was?

In Wirklichkeit können zwei Menschen durch ihre reine Willenskraft nicht dahin kommen, dass das Stoßen aufhört. David, du solltest es wissen. Du hast gesehen, wie Mutti und ich tief in den Treibsand von Missverständnissen, Ärger und Schmerz hineingerieten.

Es ist so schwer, sich einfach niederzulegen und zu akzeptieren, was kommt. Nachzugeben. Aufzugeben. Worüber du und Jill streiten, wird immer so wichtig für euch beide erscheinen. Auch wenn kein Mensch in der ganzen Welt das für wichtig ansehen würde.

Wie könnt ihr diesen Kreislauf unterbrechen?

Das ist der zweite Teil von Epheser 5,21: Ordnet euch einander unter, *wie es die Ehrfurcht vor Christus verlangt.* Eine gute Ehe bedeutet nicht nur das feste Bemühen, einander zu lieben, was manchmal unmöglich ist. Es bedeutet vielmehr, dass ihr Jesus zum Herrn eurer Ehe, eurer Gedanken und eurer Emotionen macht. Das muss sein. Es gibt keine sinnvolle Alternative.

An dieser Stelle kommen wir zurück zur Gottesfurcht. Erinnert ihr euch, was ich früher schrieb? Der Grund, warum wir so viele Probleme in unserer Welt haben, liegt darin, dass die Menschen *keine Gottesfurcht* mehr haben. Wenn die Völker ihr moralisches Gewissen verlieren, sind sie wie große steuerlose Schiffe. Und die Nationen und die einzelnen Menschen verlieren ihr Gewissen, wenn sie ihre Gottesfurcht verlieren.

Die Ehe ist das allerbeste Beispiel dafür. »Ordnet euch einander unter.« Aber … das kann ich nicht. Das werde ich nicht tun. Niemals. »Ordnet euch einander unter!« Aber wie? *»… aus Ehrfurcht vor Christus.«* Wenn ihr die Ehrfurcht vor Christus miteinander teilt, seid ihr nicht nur beide in einem Größeren, als ihr es seid, aufgehoben, sondern ihr ladet den Herrn Jesus ein, in euren Konflikt und euren Kummer hineinzukommen, euch zu heilen und euch fähig zu machen, das zu tun, was ihr aus eigener Kraft nicht tun könnt.

Gottloses buntes Glas

Das griechische Wort, das mit Ehrfurcht übersetzt ist, heißt *phobos*, das einfach Furcht bedeutet. »Ehrfurcht« klingt weicher, benutzerfreundlicher als Furcht. Für manche Menschen ist Ehrfurcht ein gutes religiöses Gefühl, wenn sie ihr Baby in der Kirche im Arm halten und sanftes farbiges Licht, gerade passend, durch die bunten Glasfenster fällt.

Nun wisst ihr, dass Mutti und ich, die wir in einer lutherischen Kirche großgeworden sind, beide eine angestammte Vorliebe für farbiges Glas haben – und die großen kirchlichen Traditionen sind Repräsentanten dafür. Doch die »Furcht des Herrn« ist so viel mehr. Gottesfurcht ist eine tiefe Überzeugung, dass man, wenn man seine Gesetze verletzt, einen schrecklich hohen Preis dafür zahlen muss.

Vor Jahren nannten die Menschen die Ehe den »*heiligen* Ehestand«. Der Ehestand an sich ist nicht heilig, wenn ihr nicht Gott als Schöpfer und Erhalter eurer Ehe anseht. Wahrscheinlich wusstet ihr nicht, dass die alte traditionelle Trauzeremonie – für den Fall, dass Braut und Bräutigam die Ehe nur aus romantischen Gefühlen heraus schlossen – die Hochzeitsgesellschaft und die Gemeinde sehr ernst daran erinnerte, dass wir alle vor Gott stehen. Im Leben stehen wir immer unmittelbar vor »jenem schrecklichen Tag des Gerichts«.

Welch ein unliebenswürdiger Gedanke an einem herrlichen Hochzeitstag! Warum sollten wir an solche Dinge denken, wenn der Raum um uns mit Blumen und Tüll gefüllt ist? Und das Licht, das durch die bunten Glasfenster fällt, passt genau dazu.

Aber es ist eine schreckliche Sache, in die Hand eines zornigen Gottes zu fallen. Es ist schlimmer, viel schlimmer, als wenn dein Vater beim Sommerlager in einem Ferienhaus über deine Klasse in Rage gerät. Selbst das Neue Testament, in dem wir so viel über Gottes Liebe und Vergebung lesen, braucht an diesem Punkt harte Worte.

»Seht zu, dass ihr nicht den abweist, der da redet«, warnt der Hebräerbrief. »Denn wenn jene nicht entronnen sind, die den abwiesen, der auf Erden redete, wie viel weniger werden wir entrinnen, wenn wir den abweisen, der vom Himmel redet. Seine Stimme hat zu jener Zeit (am Berg Sinai, wo er die Zehn Gebote gab) die Erde erschüttert, jetzt aber verheißt er und spricht: ›Noch einmal will ich erschüttern nicht allein die Erde, sondern auch den Himmel‹.«

Darum, weil wir ein unerschütterliches Reich empfangen haben, lasst uns dankbar sein und so Gott dienen *mit Scheu und Furcht*, wie es ihm gefällt; denn unser Gott ist ein verzehrendes Feuer« (Hebr 12,25-26.28-29).

In Sprüche 9,10 heißt es so: »Der Weisheit Anfang ist die *Furcht des Herrn.*« Vor einer Reihe von Jahren erschien um den Vatertag herum in den USA in der Zeitschrift »Today« ein besonderer Artikel über afro-amerikanische Familien. Ich kann den Rat eines Vaters nicht vergessen, den er seiner Familie gab. »Es gibt nur drei Regeln, die ihr kennen müsst: Erstens: Setzt Gott an die erste Stelle. Zweitens: Setzt Gott an die erste Stelle. Drittens: Setzt Gott an die erste Stelle.«

Wenn ihr das tut, werdet ihr euch einander unterordnen, *aus Ehrfurcht vor Christus*, denn: »Wer *den Herrn fürchtet*, hat eine sichere Festung, und auch seine Kinder werden beschirmt« (Spr 14,26).

Und, David und Jill: »Dein Herz sei nicht neidisch auf den Sünder, sondern trachte täglich nach der *Furcht des Herrn*; denn das Ende kommt noch, und dann wird deine Hoffnung nicht zuschanden« (Spr 23,17-18).

»Mein Sohn (und meine Schwiegertochter) … Verlass dich auf den Herrn von ganzem Herzen, und verlass dich nicht auf deinen Verstand, sondern gedenke an ihn in allen deinen Wegen, so wird er dich recht führen« (Spr 3,1.5-6).

David und Jill, setzt Gott an die erste Stelle.

Im nächsten Kapitel:
Wie man Gott an die erste Stelle setzt, wie man Gott so nahe ist wie nur möglich, ohne den andern dabei aus den Augen zu verlieren, ohne abstoßend zu wirken.

9.

Fromm sein, ohne abstoßend zu wirken

Ein Zuhause schaffen auf der Basis der Gnade

Ihr seid auf dem Weg nach Phoenix, David. Eben jetzt. In der Luft seid ihr, irgendwo über der Wüste. Die »Chicago Bulls« spielen heute Abend gegen die »Suns«. Und wir haben schon Karten für das Spiel!

Und, Jill, du hast frei! Zum ersten Mal seit einem Jahr begeistert sich David nicht vorrangig für dich.

Und, David, du würdest wahrscheinlich keinen freien Tag dazu benutzen, nach Arizona zu fliegen, nur um deine Eltern zu sehen. Aber um die Suns gegen die World Champion Bulls spielen zu sehen – das könnte ein Anreiz sein.

Heute Morgen habe ich mit unserem Freund Todd gefrühstückt. In unserer Unterhaltung sprachen wir auch über dich. Oder, genauer gesagt, unsere ganze Familie war Gesprächsthema.

Ihr wisst, wie anstrengend unser Pastorendienst für uns sein kann. Eine Menge lautstarker Leute haben wir in der Gemeinde, und viele von ihnen spielen »Schaukelstuhl-Pastoren«. Deshalb wollte Todd mit mir über unsere Familie sprechen und auf welche Weise er mich verteidigt. »Schaut euch nur seine Kinder an!«, wendet er gegen Angriffe ein. »Was sagt euch das über Garys Wandel mit Gott?«

Ist es nicht großartig, solche Freunde zu haben?

Was auch immer Leute in der Gemeinde zu beklagen haben, sie können ganz sicher zum Schweigen gebracht werden durch die Integrität und Kraft, die sie bei uns zu Hause sehen.

Erinnerst du dich an deine Bemerkungen, David, die du am Tag unserer Silberhochzeit in der Gemeinde machtest? Es hat uns beiden Tränen entlockt, als du von dem geistlichen Einfluss sprachst, den wir auf euch Kinder ausgeübt haben. (Es tut mir Leid, Jill, ich weiß, du magst es nicht, wenn ich euch »Kinder« nenne.) Du betontest ganz besonders, wie ehrlich wir stets miteinander gewesen sind. Nichts wurde vorgetäuscht. Es gab keine geistlichen Schaustellungen.

Gnade bedeutet Freiraum

Nicht wenige Leute fragten uns, wie wir das gemacht hätten. Ich habe ihnen ganz offen gesagt: »Ich weiß es nicht genau!« Wir sind nicht annähernd vollkommen. Ihr beide wisst, dass das stimmt. Aber ich denke, dass ich eine Reihe von Schlüsselelementen erkennen kann, die den geistlichen Weg unserer Familie bestimmt haben. Zuerst und vor allem müssen wir da die Gnade und Güte Gottes nennen, die uns auf dem Strom unseres Lebens stets getragen haben.

Wenn ich von Gottes Gnade spreche, denke ich an seine Gegenwart, die uns mit Kraft erfüllte, aber ich denke ebenso an Freiraum. Weil wir so fest daran glauben, dass Gott in seiner Gnade jedem von uns freien Raum gegeben hat, sind wir auch zu der Überzeugung gekommen, dass es Sünde ist, wenn wir anderen gegenüber nicht genauso handeln. Von Sünde völlig frei zu werden, ist niemals unser Auftrag gewesen. Aber Gnade empfangen und gewähren war immer unsere Leidenschaft.

Zweitens: weil wir Sünder sind, die durch die Gnade gerettet und bewahrt wurden, gab es in unserer Familie stets eine starke Abneigung gegen Selbstgerechtigkeit – und gegen den Geist des Richtens, der damit verbunden ist. Ja, natürlich, jedes Heim braucht Regeln, aber die Basis einer Familie *muss* die Gnade sein, nicht irgendwelche Regeln.

Ich finde sehr gut, wie Eugene Peterson Galater 3,1-3 umschrieben hat: »Ihr verrückten Galater! Hat euch jemand bezaubert? Habt ihr eure gesunden fünf Sinne verloren? Es ist etwas ganz Verrücktes passiert, weil ihr ganz offenbar den gekreuzigten Jesus nicht mehr klar im Blick habt. Sein Opfer am Kreuz ist euch doch ganz sicher deutlich genug vor Augen geführt worden.«

Dann fährt er fort: »Ich möchte euch eine Frage stellen: Wie hat euer neues Leben angefangen? Habt ihr euch den Kopf zermartert, um Gott zu gefallen? Oder habt ihr nur auf die Botschaft Gottes an euch geantwortet? Wollt ihr die verrückte Linie weiterverfolgen? Denn nur Verrückte würden denken, dass sie mit eigener Anstrengung vollenden könnten, was sie mit Gott begonnen haben. Wenn ihr nicht klug oder stark genug gewesen seid, um das Werk zu beginnen, wie könnt ihr annehmen, dass ihr es zur Vollendung bringen könnt?«

Es ist vielleicht eine der größten Herausforderungen des christlichen Lebens: Wie wächst man in geistlicher Hinsicht, ohne in fromme Arroganz oder Intoleranz zu verfallen? Oder: Wie kann man eine geistliche Persönlichkeit *sein*, wenn man nicht geistlich handelt? Oder einfach: *Wie setzt man Gott an die erste Stelle im Leben, ohne Familie und Freunde zu vernachlässigen?*

Geistliche Heuchelei

Vor Jahren schrieb der christliche Schriftsteller Fritz Ridenour einen Bestseller über den Römerbrief des Paulus. Er gab ihm den Titel: »How to Be a Christian without Being Religious« (Wie man ein Christ sein kann, ohne religiös zu sein). Mit religiös meinte er in dem Fall eine abschreckende »fromme« Haltung. Viele Leute sprechen heute etwas weniger freundlich von »Gottesvergiftung«.

Ihr seht, man kann seine Freunde in der Gemeinde täuschen, doch bei eurem Partner oder euren Kindern, die eines Tages vielleicht da sein werden, gelingt euch das nie. Heuchelei in der Familie überdauert nicht länger als ein Stück Butter in der Mikrowelle. Wie oft ihr in die Kirche geht oder wie oft ihr die Bibel lest und betet, zählt kaum, wenn ihr nicht aufrichtig miteinander seid.

Heuchelei ist wie Smog. Es ist Luftverschmutzung. Sie vergiftet die Umgebung und macht euch krank. Erst wenn ihr mit der Heuchelei aufhört, werdet ihr in der Lage sein, Masken zu durchschauen.

Gott ist real. Himmel und Erde sind real. Darum seid auch ihr aufrichtig und ehrlich. Wie Jesus. Geistliches Leben ist nicht so, als ob man einige vorgefasste Gedanken davon ausarbeiten soll, wie Christen aussehen sollen. *Geistliche Haltung bedeutet, Jesus so ähnlich werden wie es nur möglich ist.*

Und was ich von Jesus weiß, so war da nichts und niemals etwas in seiner Beziehung zu Gott, das anderen ein ungemütliches Gefühl verursacht hätte. Oder sie bedroht hätte. Außer den Pharisäern, deren Name schon allein ein Synonym für religiöse Überheblichkeit geworden ist. Jesus lebte eine *anziehende* Spiritualität aus. Die Menschen fühlten sich in seiner Gegenwart wohl – obwohl er der Sohn Gottes war!

David und Jill, erinnert ihr euch, wie ich über die erste Begegnung zwischen Jesus und seinen Jüngern gesprochen habe? Wie absolut realistisch, irdisch es dabei zuging? Im ersten Kapitel seines Evangeliums schreibt Johannes: »Am nächsten Tag stand Johannes (der Täufer) abermals da und zwei seiner Jünger; und als er Jesus vorübergehen sah, sprach er: Siehe, da ist Gottes Lamm! Und die zwei Jünger hörten ihn reden und folgten Jesus nach. Jesus aber wandte sich um und sah sie nachfolgen und sprach zu ihnen: Was sucht ihr? Sie aber sprachen zu ihm: Rabbi – das heißt übersetzt: Meister –, wo ist deine Herberge? Er sprach zu ihnen: Kommt und seht! Sie kamen und sahen's und blieben diesen Tag bei ihm. Es war aber um die zehnte Stunde« (Joh 1,35-39).

Die erste Frage, die die Jünger Jesus stellten, war keine theologische. »Wo ist deine Herberge?«, wollten sie wissen. Das solltest du verstehen, David. Die Menschen sind immer neugierig zu erfahren, wo ihr Pastor lebt, weil sie in Wirklichkeit wissen wollen, *wie* er lebt. Jesus war nicht im Geringsten ärgerlich über ihre »ungeistliche« Neugierde und hatte nichts zu verbergen. »Kommt und seht«, antwortete er freundlich.

Ist das nun realistisch oder nicht? Übrigens »irdisch«, »realistisch« ist ein weniger theologisch klingender Begriff für »Inkarnation« – ins Fleisch gekommen. Gott ist ganz realistisch/irdisch zu uns gekommen, wo wir sind, auf unsere Ebene, statt dass er erwartete, dass wir zu ihm hinauf, auf seine Ebene kommen sollten, wo er ist.

Und er hat das mit bedingungsloser Liebe, Akzeptanz und Vergebung getan.

Wo der Mann Gottes zur Toilette geht

David, du weißt, was es heißt, im Haus eines Pastors zu wohnen, unter dem Flutlicht unrealistischer und manchmal verrückter Erwartungen zu leben. Es hat eine Zeit gegeben, wo ein junger Mann aus unserer Gemeinde mich in einer Baseball-Kartenverkaufsstelle anrempelte und herausplatzte: »So, hier verschwindet also das Geld von unserm Zehnten.« Natürlich sollte das nur ein Scherz sein.

Zu einem anderen Zeitpunkt las ich in einem Magazin »Leadership« von einem jungen Pastor und seiner Frau, die keine eigenen Kinder haben konnten. So adoptierten sie Kinder. Ich weiß, dass es wie ein Scherz klingt, aber eine ältere Frau in seiner Gemeinde sagte ihm tatsächlich unter vier Augen, dass es auch wirklich viel besser sei, wenn Pastorenehepaare ihre Kinder auf diese Weise bekämen.

Und gerade heute haben wir einen Gast aus unserer Gemeinde hier bei uns. Sie ist uns seit Jahren eine liebe Freundin, aber als Mutti sie in unserem neuen Haus herumführte – und auch durch unseren Schlafzimmerbereich –, bemerkte sie, natürlich mit einem guten Teil Gelächter: »So, hier geht also der Mann Gottes zur Toilette!«

Die Tatsache, dass sie über diese Dinge überhaupt nachdenkt, verrät, wie die Menschen über das Leben eines Geistlichen denken. Du weißt, David, dass die Leute mir Komplimente gemacht haben, weil ich so »menschlich« sei (etwa, weil ich eine Toilettengeschichte in einem Buch festhalte?). Ich habe immer ungläubig geantwortet: »Ich wüsste nicht, wie ich sonst sein sollte!«

Die Leute haben unrealistische und dumme Vorstellungen von Männern und Frauen im geistlichen Amt. Tatsache ist, dass auch christliche Familien davon ausgehen, unrealistische Erwartungen aneinander zu haben, auch wenn keiner in der Familie ein Geistlicher ist.

Auch Gott ist ganz irdisch. Er wurde Mensch in der Person seines Sohnes. Und durch diese außergewöhnliche Tat hat er den höchsten

Wert unserer Menschlichkeit bestätigt. Jesus kam nicht, um uns von unserer Menschlichkeit abzulösen, sondern um unsere Menschlichkeit vom Fluch und den Konsequenzen der Sünde zu befreien.

So bin ich zu dem Schluss gekommen, dass ich, um ganz menschlich zu sein, auch *irdisch* sein muss. Gott erwartet das von mir, nicht mehr und nicht weniger. Wenn Jesus »Geist« und »irdisch« war, dann denke ich, dass es nur logisch ist, daraus zu schließen, dass »geistlich« und »irdisch« sich gegenseitig einschließende Begriffe sind. Im Spaß könnte man sagen, sie gehören zusammen wie Michael Jordan und ein Basketball. Umgekehrt ist einer, der behauptet geistlich zu sein, aber dabei nicht mit den Beinen auf der Erde steht, auch nicht wirklich geistlich.

Der Apostel Paulus erkennt z.B. eine direkte Beziehung zwischen geistlicher Haltung und irdischer Begabung zur Konfliktlösung an. »Brüder (ihr könnt die Schwestern einschließen)«, so schreibt er, »ich konnte nicht zu euch reden als zu *geistlichen* (da haben wir das Wort) Menschen, sondern wie zu fleischlichen, wie zu unmündigen Kindern in Christus.« Es klingt, als ob Paulus sie eine Gruppe von Babys nennt.

»Milch habe ich euch zu trinken gegeben«, klagt er, »und nicht feste Speise; denn ihr konntet sie noch nicht vertragen. Auch jetzt könnt ihr's noch nicht, weil ihr noch fleischlich seid. Denn wenn Eifersucht und Zank unter euch sind, seid ihr da nicht fleischlich und lebt nach Menschenweise?« (1. Kor 3, 1-3). In andern Worten: ihr seid geistlich, wenn ihr miteinander zurechtkommt, indem ihr Verständnis füreinander habt und eure Verschiedenartigkeit positiv einschätzt. Und wenn ihr das nicht tut, seid ihr nicht geistlich gesinnt.

Religion, die euch zum Trinken veranlasst

Sich gegenseitig Bibelverse an den Kopf zu werfen, bedeutet, Frontlinien aufzubauen. Das schafft Krieg, nicht Frieden. David, ich wette, du kannst die Situationen an einer Hand abzählen, in denen ich die Bibel benutzt habe, um Mutti oder euch Kinder zu etwas zu veranlassen. Wir haben zu Hause häufig über Gottes Gebote gesprochen –

und wie »Jesus dienen« bedeutet, unser Leben im Gehorsam gegenüber dem Wort Gottes zu führen. Aber da ich immer eine starke Aversion dagegen gehabt habe, unsere geistliche Haltung zu benutzen, um andere zu beherrschen, konnte ich mich niemals dazu bereit finden, mit Bibelversen zu winken, um einen Familienstreit zu gewinnen.

Ich habe mit den eigenen Armen gerudert. Und ich habe mich laut geäußert. Aber ich habe niemals Gott mit hineingezogen, und ich bin sicher, dass er mir dafür dankbar ist.

Einander Bibelverse an den Kopf zu werfen, ist eine beschämende Art von Christentum, und zwar buchstäblich, denn die Menschen sind am Ende beschämt. Ihr Kinder habt euch manchmal vor mir gefürchtet, und ich bin sicher, dass ich euch auch beschämt habe. Aber ich habe euch dabei niemals das Gefühl gegeben, als ob Gott auf meiner Seite gestanden hätte. Ich habe euch *nie* mit dem Gericht Gottes gedroht.

David und Jill, macht euch selbst nichts vor, indem ihr denkt, dass Gott bei einem Ehestreit auf der einen Seite steht, aber nicht auf der anderen. *Gott steht auf der Seite der Ehe*, und das bedeutet, dass eure Ehe größer ist als ihr beide. Ich hörte einmal, dass jemand sagte, die Ehe sei wie ein Kanu. Ein Kanu ist nicht unbedingt ein geeigneter Platz, um einen Kampf auszutragen. Es gehört nur der Bruchteil einer Sekunde dazu, um zu erkennen, dass das Kanu wichtiger ist als jeder nur mögliche Gegenstand eines Streites zwischen euch. Gott ist auf der Seite des Kanus.

Die Bibel zu zitieren, während man nur an der eigenen Nase entlangguckt, ist weit entfernt von der Möglichkeit, zusammen Gottes Weg zu erforschen. Kehren wir zur »Gnade« zurück. Regeln setzen Menschen unter Druck. Gnade hat etwas mit Freiraum zu tun. Je größer die Gnade, desto größer der freie Raum. Die Ironie dabei ist, dass wir denken, zu viel Gnade könnte zu Anarchie führen – in unserem persönlichen Leben und in unseren Beziehungen. In Wahrheit ändern die Regeln aber nichts. Sie sagen uns nur, was geändert werden muss, während die Gnade alles ändert.

Ein faszinierender Artikel erschien vor kurzem auf der ersten Seite des APA Monitor, der Zeitschrift der amerikanischen psychologischen Gesellschaft. Unter der Überschrift »Psychologists' Faith in

Religion Grows« (Der Glaube der Psychologen an die Religion wächst) stellte der Bericht fest, dass Psychologen traditionell wenig Glauben an die Bedeutung der Religion für die psychische Gesundheit haben. Das könnte sich ändern. Es gibt eine Untersuchung darüber, dass der religiöse Glaube tatsächlich die seelisch-geistige Gesundheit erhöht.

Was vielleicht noch bedeutungsvoller ist: Der Artikel unterstreicht die außergewöhnliche Wichtigkeit einer Religion, die auf Gnade basiert. »Wenn man genauer hinsieht, erkennt man, dass bestimmte Arten von religiösen Ausdrucksformen hilfreich zu sein scheinen, während andere schädlich wirken«, bemerkt Kenneth Pargament, Ph. D., ein Psychologieprofessor an der Ohio's Bowling Green State University.

»Bei verschiedenen Studien mit Hunderten von Versuchspersonen entdeckte Pargament, dass Menschen im Hinblick auf ihre seelische Gesundheit schlechtere Ergebnisse haben, wenn sie an einer religiösen Vorstellung festhalten, die man mit ›Sünder in der Hand eines zornigen Gottes‹ bezeichnen könnte. Solche Menschen glauben, dass sie für ihre Sünden bestraft werden oder ein Defizit an emotionaler Unterstützung von ihrer Gemeinde oder Synagoge zu erwarten haben. Sie leiden typischerweise stärker an Sorge, Angst und Depression.

In krassem Gegensatz dazu stehen Menschen, die an einen ›liebenden Gott‹ glauben. Sie sehen Gott als ihren Partner an, der mit ihnen daran arbeitet, ihre Probleme zu lösen. Sie sehen schwierige Situationen eher als Gelegenheiten an, geistlich zu wachsen ... Und das Ergebnis? Sie erfreuen sich auf die Dauer einer größeren psychischen Gesundheit. Diese hängt weitgehend davon ab, wie die Menschen ihre Beziehung zu Gott einschätzen.«

Richard Gorsuch, Ph. D., von der Graduate-Schule für Psychologie in Pasadena, Kalifornien (die zum Fuller Theological Seminary gehört), hat die Beziehung zwischen Religion und Vermögensvergeudung untersucht. Die Verbindung zwischen Frömmigkeit und Vermeidung von Missbrauch auf diesem Gebiet besteht nur, wenn die Religion des Betreffenden »fürsorglichen und unterstützenden Charakter« hat, sagt Gorsuch.

Ein »strenger und verurteilender« Glaube könnte sogar die Vergeudung des Vermögens noch begünstigen, laut Gorsuch. In einer Fall-Studie berichtete er, dass eine Alkoholikerin trank, um einem Gott zu entfliehen, von dem sie dachte, dass er sie verfluche.

Gnade bedeutet freien Raum – und noch mehr. Gnade bedeutet nicht einfach, dass man die Menschen tun lässt, was sie wollen. Ganz im Gegenteil. Gottes Gnade ist lebensverändernde Energie, die Bevollmächtigung durch den Heiligen Geist, Gottes Willen zu tun – etwas, dem ich hilflos gegenüberstehe, wenn ich es aus eigenem Bemühen tun will. Ich werde verändert, aber nicht durch *äußeren* Druck, sondern durch die Kraft des Heiligen Geistes, die in mir wirkt.

Ich brauche Hilfe – innerlich und äußerlich, wie Paulus schreibt: »… schaffet, dass ihr selig werdet, mit Furcht und Zittern. Denn Gott ist's, der in euch wirkt beides, *das Wollen und das Vollbringen*, nach seinem Wohlgefallen« (Phil 2, 12-13). Ich finde es wieder besonders gut, wie Eugene Peterson es umschreibt: »Seid kraftvoll in euerm Leben der Erlösung, ehrfürchtig und sensibel vor Gott. Diese Kraft ist *Gottes* Kraft, eine Kraft tief innen in euch; Gott ist willig zu dem und wirkt daran, was ihm am meisten gefällt.«

Zwanzig Zentimeter oder zwanzig Kilometer

Am letzten Wochenende sprach der Schriftsteller Steve Sjogren in unserer Gemeinde. Er sagte etwas, das ich niemals mehr vergessen werde. »Es sind nur zwanzig Zentimeter von eurem Herzen zum Kopf, aber es sind zwanzig Kilometer vom Kopf zu euerm Herzen.« Regeln sind eine Sache des Kopfes. Gnade ist eine Sache des Herzens. Es sind nur zwanzig Zentimeter von der Gnade zur Regel, weil die Gnade alles verändert. Aber es sind zwanzig Kilometer von der Regel zur Gnade, weil sich ohne Gottes Gnade gar nichts verändert.

In eindeutigen Begriffen erklärte Jesus (vielleicht hat er das in die Menge sogar hineingerufen): »Weh euch, Schriftgelehrte und Pharisäer, ihr Heuchler, die ihr den Zehnten gebt von Minze, Dill und Kümmel und lasst das Wichtigste im Gesetz beiseite, nämlich das

Recht, die Barmherzigkeit und den Glauben! Doch dies sollte man tun und jenes nicht lassen. *Ihr verblendeten Führer, die ihr Mücken aussiebt, aber Kamele verschluckt!*« (Mt 23,23-24).

Diese Stelle liebe ich. Könnt ihr euch das vorstellen? Dass einer versucht, ein Kamel zu verschlucken? Das würde euch schneller umbringen als eine »Camel« zu rauchen. Ja, ich weiß, dass das Zigarettenrauchen eure Gesundheit ruiniert, aber David und Jill, es ist doch sehr klar, was Jesus uns hier sagen will: dass gläubige Menschen aus allen möglichen richtigen Gründen sich an den falschen kleinen Dingen festhalten können.

Du hast gerade dein Abschlussexamen an der Biola-Universität gemacht, David, und ich weiß, wieviel dir diese christliche Grundlage der Fakultät und die Umgebung dort bedeutet haben. Ich bin sicher, dass du dich immer gern an die Jahre dort erinnern wirst als an vier der wichtigsten deines Lebens.

Danke Gott für solche Plätze wie diesen! Für Institutionen, die noch von den Prinzipien des Wortes Gottes regiert werden! Für Colleges, die noch mehrmals in der Woche einen Gottesdienst in der Seminar-Kapelle feiern. Wir beide haben uns über die negative Seite von »Regeln« unterhalten. Als deine Mutter und ich dort in den frühen Siebzigerjahren als Studenten lebten, verlangte man von uns, mit fünf Dingen Schluss zu machen: keinen Alkohol mehr, kein Tanzen, kein Kartenspielen, kein Kino und – ums Himmels willen – kein Rauchen.

In unserm letzten Jahr dann – wegen der nationalen Krise bezüglich zweier großer Streitfragen, nämlich Drogen und Vietnamkrieg – mussten wir uns schriftlich verpflichten, dass wir uns nicht mit Rauschmitteln abgeben oder im Bereich des Colleges Unruhe stiften würden. Das sind Tatsachen.

Doch wie haben sich seitdem die Zeiten geändert! Heute hat die Biola-Universität die Liste ihrer Regeln verkürzt und beschränkt sich auf das, was Jesus »die wichtigeren Punkte des Gesetzes« nannte. Auch der Apostel Paulus schrieb darüber:

»Ist es etwa so, wie wir verlästert werden und einige behaupten, dass wir sagen: Lasst uns Böses tun, damit Gutes daraus komme? (Das ist es, was die Leute oft von mir zu denken scheinen, wenn ich über die bedingungslose Gnade Gottes spreche) …

… weil kein Mensch durch die Werke des Gesetzes vor ihm (Gott) gerecht sein kann. Denn durch das Gesetz kommt Erkenntnis der Sünde …

Denn das Gesetz des Geistes, der lebendig macht in Christus Jesus, hat dich frei gemacht von dem Gesetz der Sünde und des Todes. Denn was dem Gesetz unmöglich war, weil es durch das Fleisch geschwächt war, das tat Gott: er sandte seinen Sohn in der Gestalt des sündigen Fleisches und um der Sünde willen und verdammte die Sünde im Fleisch, damit die Gerechtigkeit, vom Gesetz gefordert, in uns erfüllt würde, die wir nun nicht nach dem Fleisch leben, sondern nach dem Geist« (Röm 3, 8.20; 8, 2-4).

Ein Zuhause auf der Grundlage der Gnade

Ihr wisst, dass unsere Kirche »Wort der Gnade«-Gemeinde genannt wird, weil die erstaunliche Gnade Gottes die Botschaft meines Lebens gewesen ist. Gnade umfasst mehr als nur eine grundsätzliche christliche Lehre. Es geht dabei vielmehr darum, wie eure Beziehung zu Gott und dann auch zu anderen Menschen aussieht.

Wenn euer Gottesverständnis auf der Grundlage der Gnade erwachsen ist, dann ist auch Gnade die Basis für Liebe und Freundschaft zu anderen. Aber wenn euer Gottesverständnis auf Regeln beruht, dann wird auch eure Beziehung zu anderen Menschen von Regeln bestimmt sein.

Selbst die Zehn Gebote beruhen auf Gnade! Wusstet ihr das? Die zwei ersten beziehen sich auf das Verhältnis zu Gott. Das dritte: »du sollst den Feiertag heiligen«, sollte uns ständig daran erinnern, dass alles, was zur Schöpfungsordnung gehört (s. die ersten sechs Schöpfungstage), mit Gott zu tun hat (s. der siebente Tag). Der Rest der Gebote bezieht sich dann auf das Verhältnis zu anderen Menschen.

Jesus fasst dann die Zehn Gebote zusammen mit den Worten: »Du sollst den Herrn, deinen Gott, lieben von ganzem Herzen, von ganzer Seele und von ganzem Gemüt. Dies ist das höchste und größte Gebot. Das andere aber ist dem gleich: Du sollst deinen

Nächsten lieben wie dich selbst. In diesen beiden Geboten hängt das ganze Gesetz und die Propheten« (Mt 22,37-40).

Was ihr über Gott denkt und welches Verhältnis ihr zu ihm habt, bestimmt, wie ihr euch andern gegenüber verhaltet. Es gibt einen anderen Bibelvers, der das sehr klar zum Ausdruck bringt: »Seid aber untereinander freundlich und herzlich und vergebt einer dem andern, *wie auch Gott euch vergeben hat in Christus*« (Eph 4,32).

So, nun reicht's mit der Theologie. Wie wäre es mit noch einigen praktischen Ratschlägen im »Letterman-Stil«:

Die Top Ten der sichersten Wege, um euch gegenseitig von Gott wegzubringen

10. Sei so heilig, wie du kannst. Sei am besten noch ein bisschen heiliger als dein Ehepartner, und mach ihn fertig, wenn er dein Niveau dabei nicht erreicht.

9. Zitiere nur die Bibelverse, die du selbst nicht befolgst.

8. Sei Richter und Geschworener – und Gott.

7. Wenn ihr wisst, dass das Richten nicht christlich ist, seid stattdessen gönnerhaft und herablassend.

6. Benutzt Gott, um andere zu manipulieren und zu beherrschen, besonders euch gegenseitig.

5. Macht euch was vor. Seid niemals aufrichtig zueinander. Solange bis es nötig ist, wirklich aufgebracht zu werden, weil ihr wisst, wie aufgebracht Gott mit eurem Partner ist.

4. Tut alle Dinge mit einem frommen Unterton und in einer frommen Atmosphäre. Trainiert das in eurer Gemeinde. Zitiert die Bibel, wenn ihr wisst, dass Gott auf eurer Seite steht.

3. Lasst euer Leben von Furcht bestimmt sein. Und benutzt die Angst, euren Partner zu beherrschen oder wenigstens dahin zu bringen, wo ihr ihn haben wollt.

2. Lasst euer Leben von Regeln bestimmt sein. Gebt den Regeln mehr Gewicht als der Liebe.

1. Macht aus wirklich jeder Mücke einen Elefanten.

Im nächsten Kapitel:
Kann man auch ohne Familienandachten
in den Himmel kommen?

10.

Vom Brot allein leben

Kann man auch ohne Familienandachten in den Himmel kommen?

Gebet und Bibellesen in der Familie.

Schuld.

Ich bekenne. Ich bin besser als Gemeindepastor als bei Familienandachten.

Aber da sage ich dir, David, ja nichts, was du nicht schon weißt, weil du in einem Pastorenhaushalt aufgewachsen bist, wo es nur selten formelles Familien-Bibelstudium gab. Was soll es also bedeuten, wenn ich in diesem Buch etwas über Familienandachten schreibe? Wer bin ich denn?

Ich bin nur einer mehr von denen, die zum Pastorenamt berufen und zum Sprechen begabt sind, aber ich bin auch nur einer von denen, die mit den gleichen Fragen zu kämpfen haben wie jeder andere in der Gemeinde.

Aber wenigstens bin ich ehrlich.

Trotz meines persönlichen Versagens (vielleicht teilweise gerade deswegen) denke ich, dass ich euch ein paar Ratschläge zu dem Thema geben kann – und denen, die dieses Buch lesen.

Der Kerker schweigender Schuld

Bevor ihr geheiratet habt, Jill, als du schon bei uns gelebt hast, beschloss ich in der Gemeinde einen Vortrag über Familienandachten zu halten. Ich hatte eine Riesenangst davor, David, denn deine Mutter kannte die Wahrheit.

Aber ich weiß auch, dass die meisten Ehemänner und -frauen in unserer Gemeinde im Stillen wegen unregelmäßiger Familienandachten unter Schuldgefühlen leiden und dass sie sich zumindest ein gut Teil besser fühlen würden, wenn sie wüssten, dass Mutti und ich mit dem gleichen Problem zu kämpfen haben.

Natürlich gibt es Menschen, die wirklich jeden Tag mit ihren Ehepartnern und Kindern zusammen beten. Das sind die rühmlichen Ausnahmen – gute Christen, die auch in ihren persönlichen Andachten aufrichtig und ungekünstelt und selbstdiszipliniert sind. Das sind wertvolle Menschen, die Gott wirklich lieben und uns *ohne jede Absicht* beschämen, weil wir nicht genug beten.

Hier muss ich aber ein Wort über eure wundervolle Mutter sagen. Was ich auch immer an euch Kindern versäumt habe, sie war in ihrem Beten mit jedem von euch nahezu jeden Abend, bevor das Licht gelöscht wurde, so treu und beständig wie der Sonnenaufgang. Sie las euch auch biblische Geschichten vor, an die ihr euch vielleicht noch erinnert.

Doch Andachten, bei denen wir alle zusammen im Wohnzimmer gesessen und aufmerksam zugehört hätten, wenn ich Gottes Wort las ... nun ... das ist nicht allzu oft vorgekommen.

Als ich beschloss eine Predigt zu halten über etwas, das ich selbst nicht tue (was Predigern fast nie passiert – wenigstens möchten sie, dass ihr das glaubt), beschloss ich, mir einiges an Material über Familienandachten anzuschauen – was man da tut und wie man vorgeht. Wenn ich schon nicht aus eigener persönlicher Erfahrung sprechen konnte, so konnte ich vielleicht doch ein paar Geschichten von anderen erzählen.

Ich suchte einen riesigen christlichen Buch-Großhandel hier in Phoenix auf. Nachdem ich einen langen Weg bis zur großen Abteilung für Familienbücher hinter mir hatte und im Hintergrund des

Geschäftes angekommen war, war ich schockiert (aber auch merkwürdig getröstet), dass ich kein Buch – *wirklich kein einziges* – über Familienandachten entdeckte.

»Wenigstens sollte ich ein oder zwei Kapitel zu dem Thema finden«, murmelte ich vor mich hin.

Unter dem Stapel, der gerade vor mir lag, fand sich ein dickes Buch mit dem Titel »The Strong Family« (Die starke Familie), von keinem Geringeren geschrieben als von Charles Swindoll. »Auflage über 250 000«, verkündete das hellblaue Cover.

»Da müsste *etwas* drin stehen«, dachte ich. Doch ich wurde gründlich enttäuscht. Nicht ein einziges Kapitel über Familienandacht. Tatsächlich kamen die Worte »Andachten« und »Gebet« nicht mal im Stichwortverzeichnis vor.

Nachdem ich die Inhaltsverzeichnisse jedes verfügbaren Buches auf diesen vollgestopften Regalen durchgesehen hatte, war das Ergebnis das gleiche: nichts, absolut nichts.

»Was soll ich bloß machen?«, klagte ich im Stillen. »Ich habe doch diese Predigt schon vor der ganzen Gemeinde als nächste angekündigt!«

Und dann kam mir eine Idee: *Focus on the Familiy*! Wenn irgendjemand Material über Familienandachten haben würde, dann *Focus on the Family*. Ich bat meine Assistentin Penny Jo, dort anzurufen.

»Wir haben Andachtsbücher für jeden Tag«, sagte man ihr. »Aber nein, wir haben tatsächlich nichts da, in dem erklärt wird, wie man Familienandachten hält.«

Hallo?

Habe ich etwas nicht verstanden?

Hilflos in Phoenix

Nun ist mir klar, dass da ein paar christliche Bücher über Familienandachten stehen sollten. Ich möchte keinen Augenblick annehmen, dass Charles Swindoll oder James Dobson nicht die Ersten wären, die sagen würden, dass Familienandachten eine absolute Notwendigkeit für eine gesunde Familie seien. Sie sind gute, geistliche Männer mit hervorragenden Gemeinden. Ich bewundere, was sie tun.

Aber es ist für mich erstaunlich, dass ein großes christliches Buchgeschäft, das Bücher über die Familie herausbringt, nicht einen einzigen Ratgeber auf dem Gebiet der Familienandachten hat.

Ist das eine so einfache Sache, dass man sie nicht erklären muss? Dass jeder es einfach nur praktiziert?

Warum ist es dann so schwer?

Es ist leichter, sich hinzusetzen und Monopoly zu spielen oder ein Puzzle zusammenzubauen oder einfach nur zusammenzusitzen und eine geistlose TV-Sendung anzusehen, als fünf oder zehn Minuten im gemeinsamen Gebet zu verbringen.

Warum?

Ist es nicht so, dass »die Familie, die miteinander betet«, auch »zusammenbleibt«?

Vielleicht glauben wir das nicht wirklich.

Wir glauben, dass Nahrungsaufnahme wichtig ist. Die Zeit zum Essen finden wir immer. Selbst dann, wenn wir es nicht unbedingt nötig hätten.

Aber was sagt Jesus? »Der Mensch lebt nicht vom Brot allein, sondern von einem jeden Wort, das aus dem Munde Gottes geht« (Mt 4,4).

Die außergewöhnliche Kraft einer geistlichen Beziehung

Amerikanische Familien haben heute mehr Probleme denn je – und sind weniger offen für geistliche Dinge denn je. *Wir brauchen Gott ganz bitter nötig, damit er in unsere Familien hineinwirkt.* Die Familie ist eine heilige Institution. Sie war Gottes Idee. David und Jill, ihr müsst euch ständig gegenseitig daran erinnern, welche außergewöhnliche Kraft in der Familie steckt – Kraft zum Guten und zum Bösen.

In der Familie lernen wir, was zum Leben gehört: Wertvorstellungen; wie man Beziehungen aufbaut; wie man kommuniziert, zuhört,

Konflikte löst; was Liebe, Akzeptanz und Vergebung bedeuten. Und was das Wichtigste ist: in der Familie sollte unsere Beziehung zu Gott geformt und gepflegt werden.

Gott wirkt in der Familie! Die Familie ist vielleicht die einzige, äußerst mächtige menschliche Institution im Bereich der Lebensgestaltung – noch weit vor einer Regierung. Auch die Kirche spielt eine Rolle in Bezug auf Akzente der Lebensgestaltung. Aber was auch immer ihr dort lernt (in der knappen Zeit, die ihr jede Woche dort verbringt), es muss ja irgendwo ausgelebt werden. Das enge Miteinander in der Familie ist dafür am besten geeignet.

Gott wirkt in der Familie! Könnt ihr glauben, dass es mehr als 2000 Bibelverse gibt, die sich auf »Haus« oder »Haushalt« beziehen? Apostelgeschichte 16,31 ist da besonders eindrucksvoll: »Glaube an den Herrn Jesus, so wirst du und dein Haus selig« – *du und dein Haushalt.* Keiner kommt in den Himmel, weil ein anderer für ihn glaubt. Nichts im christlichen Leben läuft automatisch ab, aber dieser Vers enthüllt eine Achtung gebietende geistliche Kraft, die sich im familiären Zusammenhang zeigt.

Auf diese Kraft spielt auch Paulus in 1. Korinther 7,12-14 an, wo er befiehlt: »Wenn ein Bruder eine ungläubige Frau hat und es gefällt ihr, bei ihm zu wohnen, so soll er sich nicht von ihr scheiden. Und wenn eine Frau einen ungläubigen Mann hat und es gefällt ihm, bei ihr zu wohnen, so soll sie sich nicht von ihm scheiden. Denn der ungläubige Mann ist geheiligt durch die Frau, und die ungläubige Frau ist geheiligt durch den gläubigen Mann. Sonst wären eure Kinder unrein; nun aber sind sie heilig.«

Also – dann ist die Familie heilig. Sie hat ein geistliches Fundament, auch wenn man dort nicht über geistliche Dinge spricht. Selbst wenn man da keine *frommen* Gefühle hat. Die Familie ist »heilig«, weil (Gott) sie geheiligt (hat) ist. Das Gebet, selbst wenn es nur kurz ist, lässt die volle Kraft der Gegenwart Gottes und seines Segens in eurer Beziehung frei werden.

John Bunyan, der Verfasser des frommen Klassikers »Pilgerreise«, erklärte: »Du kannst noch mehr als Beten tun, wenn du gebetet hast. Aber du kannst nicht mehr als Beten tun, solange du nicht gebetet hast.«

Kent und Barbara Hughes schreiben in »Common Sense Parenting« (Vernünftige Erziehung): »Es gibt gewiss viele andere unverzichtbare Elemente für eine christliche Erziehung, aber das Beten ist dabei von allergrößter Wichtigkeit.«

Evelyn Christenson schreibt in: *»Was geschieht, wenn wir für unsere Familien beten«*: »Das Beten sollte die spontane Lebensäußerung in einer jeden christlichen Familie sein. Das gilt vor allem heute, wo die Familie, wie man sie jahrhundertelang gekannt hat, vor unsern Augen auseinander fällt.«

Achtet darauf, dass sie sagt: dass das Beten eine »spontane Lebensäußerung« sein soll. Warum ist es das nicht? Aber wie kann es dazu kommen? Wie macht ihr es?

Zu beschäftigt für Gott

Wie ich es sehe, sind da zwei Barrieren zu überwinden. Von der ersten kann ich euch etwas erzählen, aber ich kann nicht viel dazu tun, um euch zu helfen. Sie heißt: *Wir sind zu beschäftigt.* In Lukas 10,38-42 steht eine Geschichte von einer Frau mit Namen Marta, die ihr Haus für Jesus öffnete. Sie hatte eine Schwester, Maria, die zu Füßen von Jesus saß und auf das hörte, was er sagte. Doch Marta war abgelenkt durch all die Vorbereitungen, die sie zu treffen hatte.

»Herr, fragst du nicht danach, dass mich meine Schwester lässt allein dienen? Sage ihr doch, dass sie mir helfen soll!«

»Marta, Marta«, antwortete der Herr (hat eure Mutter euren Namen je zweimal gerufen?), »du hast viel Sorge und Mühe. Eins aber ist Not. Maria hat das gute Teil erwählt; das soll nicht von ihr genommen werden.«

Im Alten Testament sagt der Prophet Jesaja etwas Ähnliches: »Denn so spricht Gott der Herr, der Heilige Israels: Wenn ihr umkehrtet und stille bliebet, so würde euch geholfen; *durch Stillesein und Hoffen würdet ihr stark sein.* Aber ihr wollt nicht« (Jes 30,15). Jesus ruft uns zu sich, aber wir sind zu beschäftigt, um zu hören und zu empfangen.

»Unsere hektische Welt«, so stellte Kent Hughes fest, »ist dem Beten gegenüber wenig aufgeschlossen, weil sie es weder versteht noch die Zeit dafür aufbringen will. Wir müssen um die Zeit zum Beten regelrecht kämpfen.«

Es ist uns nicht bewusst! Aber wie ich schon sagte, ich kann nichts dazu tun, um eure Hektik zu vermindern, und das geht auch nicht auf einen Schlag. Ihr müsst euch die Zeit füreinander und für Gott wirklich nehmen. Wenn ihr es nicht tut, werdet ihr dafür zahlen müssen. Ich hörte vor kurzem, dass bis zu 90 % aller Besuche beim Hausarzt auf stressbedingte Krankheiten zurückzuführen sind.

Du weißt, was mit meinem Herzen los ist, David. Es steht nicht zum Besten damit.

Du bist erst zweiundzwanzig und musstest schon wegen starker Herzschmerzen zum Arzt.

David, David. Jill, Jill. Ihr seid besorgt und regt euch über viele Dinge auf (oder seid in Schwierigkeiten oder gestresst – welches Wort auch immer auf euch passt). Nur eines ist Not – wesentlich, und Maria hat es erwählt – es ist das beste Teil.

Zu fromm für Andachten

Die zweite Barriere, die sich gegen Familienandachten erhebt? Es mag blödsinnig klingen, aber sie heißt: »*Wir sind zu fromm dazu.*« Wir denken uns Familienandachten als eine Art religiöse Übung. Manchmal hegen die Leute geradezu verrückte Vorstellungen – Mythen – über frommes Verhalten.

Wie z. B.: Familienandachten müssen *lang* sein, mindestens eine halbe Stunde.

Und dann müssen sie tiefgründig sein. Wenn das, was ihr sagt, nicht wert ist, veröffentlicht zu werden, dann ist es nicht tiefgründig genug.

Weiter müssen sie so *ähnlich sein wie in der Kirche*. Gut aufgebaut. Steif. In der richtigen Stimmlage.

Sie müssen auch *geistliche Gefühle* zum Ausdruck bringen. Und *ihr* müsst solche geistlichen Gefühle haben – vorher, während der

Andacht und hinterher. Wenn ihr nicht nach dem Schlussgebet zumindest noch eine Weile ein nachklingendes Empfinden der Gegenwart Gottes habt, dann waren eure Andachten ganz sicher ein Reinfall.

Und ihr müsst singen. Auch wenn es keiner aus eurer Familie kann. Wenn ihr euch gehemmt fühlt, zusammen zu singen, dann muss das ein Zeichen einer tiefer liegenden Sünde sein.

Jeder hat sich am Beten zu beteiligen. Und die Gebete sollten gut und neu und unterschiedlich sein. Ihr könnt niemals ein Gebet nur ablesen, weil das ein Zeichen des Mangels an einer echten Gottesbeziehung ist.

Und ihr müsst auch voraussetzen, dass ihr das einzige Paar seid, das mit dieser Frage zu kämpfen hat, oder dass ihr das einzige junge Paar in der Gemeinde seid, das nicht gern zusammen singt.

Kent und Barbara Hughes konnten es gar nicht besser zum Ausdruck bringen: »Wenn christliche Paare ihr gemeinsames Leben beginnen, haben sie oft eine idealisierte Vorstellung von häuslichen Andachten. Sie stellen sich vor, dass sie in ihrer Freizeit zusammen die Bibel lesen, ausgiebig miteinander religiöse Gedanken diskutieren und austauschen, für alle Welt beten, zusammen singen und, sich in den Armen haltend, miteinander in den Schlaf sinken – während die Bibel auf den Boden gleitet.«

Tipps, damit ihr »über den Berg« kommt

David und Jill, als ich über dieses Thema in der Gemeinde predigte, gaben Hunderte von Familien ihr Ehrenwort, vier Wochen lang eine Familienandacht halten zu wollen. Ich hatte ihnen ein Ziel gesteckt, das erreichbar schien: Sich nur für vier Wochen zu verpflichten, in der Hoffnung, dass sie damit erst mal die Barrieren geschäftlicher Hektik und religiöser Mythen durchbrechen könnten, um sich an neue Formen familiärer Frömmigkeit zu gewöhnen.

Dieser Vorschlag hatte sogar bei Mutti und mir Erfolg! Erinnere dich, Jill, du lebtest damals in unserem Haus, während David in Kali-

fornien sein Studium am College beendete. Wir hielten tatsächlich (fast) täglich einen Monat lang Andachten in der Familie.
Versucht es selbst.

- Geht es wirklich einfach an.
- Tragt am Anfang euren Erfolg auf einem Kalender ein: Immer fünf von sieben Tagen in der Woche. Gebt euch zweimal in der Woche einen barmherzigen Freiraum. Fünf von sieben ist doch besser als keiner von sieben, oder!
- Markiert jeden Tag, an dem ihr betet, auf dem Kalender – mit einem Haken oder einem X oder, vielleicht, mit einem Kreuz!
- Lest jeden Tag ein Kapitel aus dem Johannes-Evangelium in einer modernen Übersetzung oder Übertragung. Das Johannes-Evangelium hat zwanzig Kapitel, so dass ihr es in vier Wochen bewältigen könnt.
- Oder kauft euch einfach ein Buch mit täglichen Andachten. (Es gibt massenweise Andachtsbücher für jeden Tag, aber kein einziges mit Anleitungen dazu.)
- Entscheidet euch für ein Gebetsanliegen für jeden Tag, betet in schlichter Weise darum. Ihr könnt auch ein Gebet lesen aus einem Andachts- oder Gebetbuch.
- Versucht, jeden Tag um die gleiche Zeit eure Andacht zu haben, z. B. vor dem Frühstück oder direkt nach dem Mittagessen oder unmittelbar vor dem Zubettgehen.
- Nehmt die Kinder mit dazu, wenn ihr welche habt. Jedes Familienglied sollte sich an der Gebetszeit beteiligen, und jeder sollte diese Zeit als Gottes Zeit respektieren, aber *zwingt* keinen zum Beten, vor allem die Kinder nicht. Lasst es für alle locker und ungezwungen sein.
- Wenn ihr Kinder habt, richtet euch im Niveau der Andacht nach dem jüngsten Kind. Das Lesen langer Bibelabschnitte könnte für es zu schwierig sein. Statt ein ganzes Kapitel aus dem Johannes-Evanglium zu lesen, könnten dann fünf oder zehn Verse genügen. Macht euch keine Gedanken, wenn eure gemeinsame Zeit euch nicht lang genug erscheint – oder fromm genug. *Setzt es nur einfach in die Tat um.*

NACHWORT

So, das war's.

Das Buch ist zu Ende, euer Leben nicht. Es ist leichter, David und Jill, ein Buch zu lesen – und sogar dem Inhalt größtenteils zuzustimmen – als verheiratet zu sein! Glaubt mir, es ist *viel* leichter.

Was macht ihr nun danach? Ich nehme an, wenn ein Kapitel für euch besondere Bedeutung hatte (oder zwei oder drei), dann werdet ihr es nochmals lesen, vielleicht einmal im Jahr.

Ich weiß, dass das im Allgemeinen nicht passiert, sondern wenn man ein Buch gelesen hat, stellt man es ins Buchregal oder gibt es an jemand anderen weiter. Aber manche Dinge müssen mehr als einmal gesagt – und gelesen werden.

Wie wäre es, wenn ihr zwei Dinge versucht, die eurer Mutter und mir wirklich geholfen haben.

Erstens: sprecht euch mit einer kleinen Gruppe enger Freunde ab und trefft euch *regelmäßig*, nicht weniger häufig als einmal im Monat. Ich habe die Überzeugung gewonnen, besonders nach dem Aussterben der Großfamilie, dass Paare Unterstützung durch Gruppen brauchen, wo sie über alles reden können, von der Familienandacht bis zur Sexualität.

Die Voraussetzung ist Zuverlässigkeit. Ihr braucht Menschen, die ihr liebt und denen ihr vertraut, die euch zuhören, wenn ihr Kummer habt, gute Ratschläge geben und in euer Leben hineinsprechen können. Ihr könnt möglicherweise sogar dieses Buch als Diskussionsgrundlage für euer Gruppentreffen benutzen.

Zweitens: Holt euch Rat von einem professionellen christlichen Berater, wenn ihr Hilfe braucht, und sobald ihr sie braucht. Etwas vom Schlimmsten, was ihr tun könnt, ist euch selbst einzureden, dass euer Problem schon von selbst wieder verschwinden würde oder dass ein Berater euch ja auch nichts Neues sagen könnte.

Mutti und ich sind fünfundzwanzig Jahre verheiratet, und jetzt bin ich wirklich Fachmann, weil ich ein Buch über die Ehe geschrieben habe. Doch ab und zu müssen wir beide auch mit jemandem sprechen, dem wir vertrauen und der in der Kunst der Familienberatung ausgebildet und erfahren ist, weil man sich selbst nicht immer beurteilen kann. So hat Gott uns geschaffen. Ihr braucht einander und ihr braucht andere.

Und schließlich noch – ich weiß zwar, dass ihr bis jetzt genauso denkt – aber lasst es nie soweit kommen, dass ihr euch von der Gemeinde völlig entfernt.

Ich habe einen Freund, einen fähigen, energischen Geschäftsführer eines Unternehmens. Wir waren eine Reihe von Semestern im Seminar zusammen. Er liebt Gott, aber er hasste es, in den Gottesdienst zu gehen. Ich vermute, dass er niemals gegangen ist. Seine Frau tat es aber doch, und sie nahm auch die Kinder mit.

Eines Tages saßen wir uns beim Mittagessen gegenüber. Ich riet ihm dringend: »Wenn du schon aus keinem anderen Grund zum Gottesdienst gehen willst, tu's wenigstens um deiner Frau und deiner Kinder willen.«

Er tat es.

Jahre später dankte er mir immer wieder für meinen Rat, obwohl die Gemeinde, die er regelmäßig besucht, ziemlich langweilig ist.

Nur weil etwas langweilig ist, heißt das aber nicht, dass es nicht gut für euch ist. Die Disziplin und Routine eines regelmäßigen Gottesdienstbesuchs bringt Charakterfestigkeit und Zuverlässigkeit in euer Leben.

Aber da ist noch mehr, was zählt. Wir leben in einer gottlosen Welt. Und der Besuch der Gemeinde hält uns in Verbindung mit den wenigen Menschen, die nach Gott fragen. Ich sage nicht, dass sie vollkommen sind. Kein Mensch ist perfekt. Keiner, auch nicht diejenigen, die der Gemeinde fernbleiben, weil die Gottesdienstbesucher, die sie sehen, nicht vollkommen sind.

Mein Freund und langjähriger Kollege, Chris Wolfhard, gibt gerne zu, dass er keine Lust mehr hat, zum Gottesdienst zu gehen. Aber als er etwa ein Jahr aus dem Amt war, akzeptierte er begeistert meine Einladung, zurückzukommen, weil er, wie er sagte, sich selbst außerhalb der christlichen Gemeinschaft allein nicht traute. Er gab zu, dass er die Struktur der Gemeinde und die Disziplin brauchte, um sein Leben auf der Spur zu halten.

Ihr handelt ja auch so.

Also richtet euch weiterhin danach.

Dieses Buch ist kurz – wie das Leben. Bevor ihr euch umgeschaut habt, seid ihr »alt« wie eure Mutter und ich.

Setzt Gott an die erste Stelle.
Setzt Gott an die erste Stelle.
Setzt Gott an die erste Stelle.

hänssler

Weitere Bücher aus der »Edition Trobisch«:

Clifford & Joyce Penner
Glücklich intim
Erfüllte Sexualität mit meiner Frau
Pb., 280 S., s/w-Abb., Nr. 854.169, ISBN 3-7751-9169-0

Guter Sex in einer Ehe »passiert« nicht einfach selbstverständlich. Die anerkannten Sexualtherapeuten Joyce und Clifford Penner legen hier dar, dass der Mann entscheidend dazu beitragen kann, dass Sie gemeinsam größere Liebe, Leidenschaft und Intimität erleben. Entdecken Sie zusammen mit Ihrer Frau noch mehr oder neu Leidenschaft und beglückende Intimität.

Joyce & Clifford Penner
Meine Liebe schenk ich dir
Pb., 384 S., s/w-Abb., Nr. 854.177, ISBN 3-7751-9177-1

Joyce & Clifford Penner schreiben in diesem Handbuch über das »Eins-Werden« im Liebesakt. Sie erläutern die verschiedenen Aspekte der Sexualität und gehen auf allgemein übliche Probleme ein. Ihr Wunsch ist es, dass Ehepartner ein erfülltes Intimleben haben.

Joyce Meyer
Bloß kein Streit ...?
Mit Konflikten positiv umgehen
Pb., 180 S., Nr. 854.162, ISBN 3-7751-9162-3

Streit und Zwietracht belasten immer wieder das persönliche Leben und die Beziehungen zu anderen und auch zu Gott. Wie kann man mit diesen Konfliktsituationen besser umgehen? Die amerikanische Bestseller-Autorin Joyce Meyer zeigt mit hilfreichen Gedanken und Anregungen konkrete Wege zu mehr Einheit und Harmonie.

Bitte fragen Sie in Ihrer Buchhandlung nach diesen Titeln!
Oder schreiben Sie an den Hänssler Verlag, D-71087 Holzgerlingen.